Suzanne Zuercher

Ankommen im Einssein

Suzanne Zuercher

ANKOMMEN IM EINSSEIN

Beten mit dem Enneagramm

Aus dem Amerikanischen übersetzt
und mit einem Vorwort für die deutsche Ausgabe
von Andreas Ebert

Claudius

Titel der amerikanischen Originalausgabe:
Using The Enneagram In Prayer
A Contemplative Guide

Originalausgabe erschienen 2008 im Verlag Ave Maria Press, Notre Dame, Indiana, USA
www.avemariapress.com

Bibliografische Informationen Der Deutschen Bibliothek
Die Deutsche Bibliothek verzeichnet diese Publikation in der Deutschen Nationalbibliografie; detaillierte bibliografische Daten sind im Internet über <http://dnb.ddb.de> abrufbar.

Birkerstraße 22, 80636 München
www.claudius.de

Umschlaggestaltung: Anne Halke, München
Umschlagfoto: © epd-bild / Michael Weber
Druck: Himmer AG, Augsburg

ISBN 978-3-532-62392-3

Inhalt

Über dieses Buch und seine Autorin 7
Vorwort 11
Einführung 19

Zugänge zum geistlichen Leben 25
Zugänge zum inneren Leben für die Triade 8-9-1 27
Zugänge zum inneren Leben für die Triade 2-3-4 29
Zugänge zum inneren Leben für die Triade 5-6-7 33

Methoden des Gebetslebens 37
Focusing als Weg, das innere Leben zu nähren 39
Bilder und Symbole als Weg, das innere Leben zu nähren 42
Natur und Schöpfung als Weg, das innere Leben zu nähren 51
Erinnerung als Weg, das innere Leben zu nähren 53
Traumarbeit als Weg, das innere Leben zu fördern 59
Gemeinschaftsgebet als Weg, das innere Leben zu nähren 63
Östliche Meditationsformen als Weg, das innere Leben zu fördern 69

Kontemplativ leben – unsere Berufung als Menschen ... 75
Die Haltung des Beters und der Beterin 77
Was kontemplative Haltung ist und was nicht 80

Weiterführende Literatur 92

Über dieses Buch und seine Autorin

Suzanne Zuercher ist Benediktinerin des Klosters St. Scholastica in Chicago. Als junge Frau wurde sie besonders von der Autobiografie des amerikanischen Trappistenmönchs und Mystikers Thomas Merton („Der Berg der sieben Stufen") berührt. Zeitlebens hat sie sich als Seelenverwandte dieses Kontemplationsmeisters gefühlt, der als einer der ersten Christen den ernsthaften Dialog mit dem Buddhismus gesucht und geführt hat. Ihm hat sie eine eigene große Untersuchung gewidmet, in der sie den spirituellen Weg Mertons als Entwicklungs- und Reifungsgeschichte einer VIER (im Enneagramm) beschreibt. Auch sie selbst findet sich im Muster VIER wieder.

Suzanne Zuercher ist Anglistin und klinische Psychologin und hat als Lehrerin, Schulpsychologin und Studentenseelsorgerin gearbeitet. Lange Jahre war sie am Loyola Institut für Spirituelle Begleitung tätig. Heute gehört sie zu den bedeutendsten christlichen Enneagrammlehrerinnen der Welt. Das Enneagramm ist ihrer Meinung nach die umfassendste und tiefste Persönlichkeitstheorie, weil es sich nicht nur mit Charaktertypen befasst, sondern jenen spirituellen Pfad aufzeigt, zu dem wir als Menschen alle berufen sind. Wie aus einem unerschöpflichen Brunnen schöpft sie aus dem Enneagramm ständig neue Einsichten, die sie in bislang vier Büchern beschrieben hat.

Ihr Ansatz bei der Arbeit mit dem Enneagramm ist einzigartig. Sie befasst sich weniger mit den neun Charaktermustern als vielmehr mit der Dynamik der drei Zentren bzw. Triaden (8-9-1, 2-3-4 und 5-6-7), die in der Enneagrammliteratur meistens als „Kopf-, Herz und Bauchzentrum" bezeichnet werden. Suzanne Zuercher hält diese Bezeichnungen für irreführend.

Das „Bauchzentrum" (8-9-1) sollte ihrer Ansicht nach eher „Gefühlszentrum" heißen, weil seine Angehörigen den unmittelbarsten Zugang zu Gefühlen haben, ja von ihnen gleichsam überschwemmt werden. Ihre „Aggressivität" ist in Wirklichkeit der Versuch, sich selbst nicht zu verlieren und nicht unterzugehen. Eine junge Frau, die sich dem Muster NEUN zurechnet, hat das Manuskript dieses Buches vorab gelesen und mir geschrieben:

Beim Hineinlesen in das Buch gelangte ich zu der Einsicht: Ja, das stimmt. Wer mich nur wenig kennt, hält mich oft für cool oder sogar für gefühlskalt. Das verletzt mich jedes Mal ganz tief, ich fühle mich völlig missverstanden. Niemand ahnt, welche inneren Kämpfe ich austrage. Dazu kommt bei Menschen, die sich mit dem Enneagramm beschäftigen, häufig das schlimme Vorurteil von der sympathischen, faulen NEUN, die ja eigentlich überhaupt keine Probleme hat. Wenn die wüssten! In dem Überschwemmtwerden von Gefühlen, wie es hier beschrieben wird, erkenne mich total wieder. So kann ich zum ersten Mal wirklich nicken und sagen: So ist es. Ich musste eben beim Schreiben weinen, weil das Verkanntwerden immer wieder furchtbar weh tut. Da kämpfst du jeden Tag einen heroischen Kampf gegen die innere Überschwemmung und versuchst ein anständiger Mensch zu sein und dann hörst du, du wärest ja so cool (positiv gesagt) oder aber so herzlos und abweisend. „Lass doch deine Gefühle auch mal zu!" – wer das von mir verlangt, meint meistens: Zeig sie doch mal. Ich vermute allerdings, dass er das nicht wirklich will, denn wenn ich das täte, könnte ich für nichts garantieren! Dass ich Gefühle zeige, setzt voraus, dass ich mich völlig sicher fühle. Sonst habe ich Angst, zu verlieren und anderen mein Terrain zu überlassen! Meine Souveränität, mein Revier – das ist eine Frage des Überlebens und der Autonomie!

Ich zitiere diese Frau, weil ihre Äußerung für die Reaktionen vieler anderer steht, denen ich von Suzanne Zuerchers Einsichten erzählt habe. Ich selbst war beim Übersetzen regelrecht überwältigt von ihren Ausführungen zur sogenannten Herztriade (2-3-4). Suzanne Zuercher würde dieses Zentrum lieber „Nachahmer- oder Machertriade" nennen. Denn die

Angehörigen der Muster ZWEI, DREI und VIER (ich selbst finde mich im Muster ZWEI wieder) haben gerade keinen direkten Zugang zu den eigenen Gefühlen. Sie fühlen, was andere fühlen, und reagieren darauf, indem sie fremde Gefühle nachahmen oder spiegeln. Deswegen ist der gängige Ratschlag, sich beim kontemplativen Gebet von den eigenen Gefühlen zu desidentifizieren, für diese Gruppe geradezu kontraproduktiv. 2-3-4er müssen sich von *fremden* Gefühlen desidentifizieren und Kontakt zu den eigenen Gefühlen bekommen, Wut und Trauer etwa wirklich fühlen und zulassen – nicht als Gebetshindernis, sondern als echtes Gebet.

Menschen der Triade 5-6-7, die gemeinhin „Kopfzentrum" genannt wird, haben das Bedürfnis, Außeninformationen zu filtern und in ein bereits vorhandenes theoretisches System einzubauen. Wenn sie bei der Meditation „nach innen" gehen, sind sie fortwährend damit beschäftigt, zu ordnen, zu konstruieren und zu planen. Deswegen muss ihr geistlicher Weg erstens zu den eigenen Gefühlen und zweitens von innen nach außen führen, vom Denken zum Handeln.

Allein diese Einsichten machen die Lektüre dieses Buches ungeheuer wertvoll. Darüber hinaus ist es eine großartige Einführung in das Wesen des Betens. Bei der Kontemplation geht es darum, ein ganzer und geeinter Mensch mit Leib, Seele und Geist zu werden. Es geht nicht darum, Gebete zu sprechen, sondern selbst Gebet zu *sein*. Deshalb kann man das kontemplative Gebet auch als das Gebet der liebevollen Aufmerksamkeit oder als Gebet des Da-Seins bezeichnen. Sowohl östliche Gebetsformen als auch das alte christliche „Herzensgebet" aus der orthodoxen Tradition weisen diesen Weg.

Die Jünger Jesu haben ihren Meister aufgefordert: „Herr, lehre uns beten!" Er hat ihnen das Vaterunser geschenkt und ihnen geraten, beim Gebet „ins stille Kämmerlein" zu gehen, also bei sich selbst Einkehr zu halten. Viele Menschen suchen Hilfe dazu. Suzanne Zuercher ist eine vorzügliche Wegbegleiterin und Lehrerin in der Schule des Gebets.

Ich habe dieses Buch durch einen ausführlichen Literaturteil ergänzt, der es möglich macht, den einzelnen Themen, die angesprochen werden, vertiefend nachzugehen, auch da, wo Suzanne Zuercher bestimmte Themen und Methoden nur streift.

Ich wünsche diesem Buch, dass es vielen zum Segen wird.

München, im Sommer 2009
Andreas Ebert

Vorwort

Seit über 30 Jahren schätze ich das Enneagramm als einzigartige Quelle der Selbsterkenntnis und Menschenkenntnis. Schon sehr früh war mir klar, dass es weit mehr ist als eine Persönlichkeitstypologie. Ich tat mich zunächst schwer damit, zu formulieren, was dieses System zunehmend für mein Leben und meine Arbeit bedeutete. Am treffendsten drücken es diese Worte aus: *Das Enneagramm ist ein spiritueller Weg.*

Die Ursprünge dieses Modells sind bis heute unklar, eindeutig zielt es aber im Kern auf unser tiefstes Selbst, auf unser Innerstes, wo das Göttliche sich manifestiert. Das Enneagramm weist zugleich darauf hin, wie jene Lebensangst, die unserer spezifischen Kindheitssituation entspringt, unsere ursprüngliche Gabe beschädigt. Der Schöpfer hat uns als einen unverstellten und offenen „Lebenskanal" gedacht, der der Entfaltung der Schöpfung dient. Dieser Kanal wird schon früh beschädigt. Als bewusste Menschen können wir gar nicht anders, als diese Beeinträchtigung zu spüren und sie uns einzugestehen. Angst und Misstrauen gegenüber unserer Umwelt bewirken, dass unser Ego eine Abwehrhaltung entwickelt. Nur wenn wir uns diese Abwehrhaltung bewusst machen, können wir erkennen, wie wir konkret auf unsere jeweilige Lebenssituation reagiert und auf welche Weise wir uns von unserem wahren Selbst, unseren Mitmenschen, unserer Mitwelt und von Gott isoliert haben. Durch diese Erkenntnis kann in uns jene Freiheit wachsen, die uns befähigt, unseren persönlichen Lebensauftrag zu finden und zu erfüllen.

Natürlich gibt es neben dem Enneagramm auch andere Mittel und Wege, um sich das bewusst zu machen. Aber das Enneagramm ist meines Erachtens das präziseste und am besten für diese Aufgabe geeignete Werkzeug. Es bringt die menschliche Grundbefindlichkeit deutlich auf den Punkt: die tief verwurzelte Vermutung, dass wir nicht nur ungeliebt, sondern auch gar nicht liebenswert sind und dass wir selbst für unser Überleben sorgen müssen. Dazu errichten wir nach und nach ein ganz spezifisches Abwehrsystem. Theologen nennen diese fundamentale Entfremdung „Ursünde". Das Enneagramm unterstützt uns auf dem Weg zu Reifung und Ganzwerdung, indem es die spezifischen Lebensfragen und -strategien von neun Persönlichkeitsmustern beschreibt und die Themen benennt, die diesen Mustern beim Prozess der Ganzwerdung begegnen.

Dieses Buch dient der Weiterentwicklung dieser Theorie. Es ist auf Bitten von Menschen entstanden, die nach Möglichkeiten suchen, mit ihrem tiefsten Selbst in Kontakt zu kommen und sich dem Leben in seiner menschlichen und göttlichen Dimension vertrauens- und liebevoll zuzuwenden. Biblisch formuliert: Diese Menschen sehnen sich danach, zur Freiheit der Kinder Gottes zurückzufinden.

Das Buch setzt Grundkenntnisse der Enneagrammtheorie voraus. Ich fasse im Folgenden dennoch kurz zusammen, wie ich das Enneagramm persönlich verstehe. Das Enneagramm geht davon aus, dass sich sämtliche Aspekte der Schöpfung – nicht nur wir Menschen! – auf neun unterschiedliche Weisen manifestieren. Im Blick auf uns Menschen – um uns geht es ja hier – wird jeder der neun möglichen Lebensstrategien eine Zahl zwischen 1 und 9 zugeordnet. Einen hilfreichen Vergleich für diese Theorie liefert für mich das Lichtprisma: Wie im Prisma jede Farbe allmählich in die nächste übergeht, so gehen die neun Persönlichkeitsprägungen auf der Kreisperipherie allmählich ineinander über und stellen gemeinsam das Ganze des menschlichen Daseins dar. Diese neun Aspekte bzw. Muster oder Standorte, in denen sich das Menschengeschlecht manifestiert, werden in drei Triaden (Dreiergruppen) aufgeteilt: Die Menschen, die zur Triade 8-9-1 gehören, nenne ich die „Fühler", die Angehörigen der Triade 2-3-4 nenne ich die „Macher" oder „Nachahmer", die Muster der Triade 5-6-7 die „Empfänger" oder „Beobachter".

Jede dieser Triaden wird auf dem Weg zur „Bekehrung" bzw. Selbstwerdung oder Transformation – wie immer man diesen

Prozess der Reifung und Ganzwerdung nennen mag – mit spezifischen Themen konfrontiert.

Kurzbeschreibung der Triade 8-9-1

Mehr als alles andere fürchten die Vertreter/innen dieser Gruppe eigene intensive Gefühlsreaktionen. Die erste Person, die sie kontrollieren zu müssen meinen, sind sie selbst. Sie versuchen, die eigenen Gefühle mit Vernunft und Logik zu steuern. Je nachdem, wo innerhalb der Triade 8-9-1 sie stehen, nehmen sie ihre Gefühle entweder durch Rationalisierung an die Kandare oder lassen gar nicht erst zu, dass Gefühle hochkommen, indem sie sie aus dem eigenen Bewusstsein wegschieben. Die Pseudologik, der sie dabei folgen, basiert auf Mögen und Nichtmögen, auf „gut" und „schlecht". Dieses instinktive Urteil begründen sie mit Argumenten, die „objektiv" daherkommen, aber in Wirklichkeit einzig und allein der Verteidigung ihrer subjektiven Vorurteile und Abneigungen dienen.

Die wechselhaften Gefühle der 8-9-1-Triade enden häufig in Wut und Ärger, Emotionen, die ihnen vertraut, wenn auch nicht unbedingt angenehm sind. 8-9-1er verteidigen instinktiv das eigene Revier, anstatt sich an ihre Mitmenschen und die Umstände anzupassen. Sie kämpfen ständig um Abgrenzung. Drohen sie unter dem Ansturm ihrer Gefühle in einer Situation unterzugehen, richten sie all ihre Kräfte auf die Bewältigung der gegenwärtigen Auseinandersetzungen. Das nimmt sie so stark in Anspruch, dass sie vergangene Kämpfe und Konflikte leicht vergessen. So bleiben ihre früheren Themen oft unerledigt – und sind doch als Teil der gegenwärtigen Belastung unbewusst immer präsent. Wenn die emotionale oder physische Anspannung des Augenblicks einfach zu viel wird, werten sie sich selbst ab. Sie empfinden sich als „schlecht", womit sie „unkontrolliert" oder „inhuman" meinen. In solchen Situationen fürchten sie, dass ihr Menschsein zutiefst und unheilbar defekt ist.

Um diese Furcht zu meistern, steht diese Triade unter dem

Zwang, sich „stark“ zu fühlen. Das schließt Selbstkontrolle ebenso ein wie Klarheit (oder schroffe Abgrenzung) gegenüber anderen. Themen dieser Triade sind Macht und das Streben, die Lebenskämpfe gegen sich selbst und andere siegreich zu bestehen. 8-9-1er behaupten sich. Dabei sind sie entweder aktiv oder passiv aggressiv. Das heißt: Sie oktroyieren entweder anderen den eigenen Willen auf oder sie verteidigen das eigene Revier und erlauben niemanden, es ihnen wegzunehmen.

Ihre Lebensfrage lautet: „Wer bin ich?“ Auch andere Menschen fragen sich das natürlich gelegentlich; aber in dieser Triade ist dies die eigentliche Leitfrage jenseits aller Parameter und Grenzen. Wenn in zwischenmenschlichen Beziehungen die emotionalen Wellen hochgehen und ihren Blick für die Angelegenheiten trüben, in die sie gerade verstrickt sind, haben Angehörige dieser Triade die Empfindung, ihre eigenen Grenzen würden fortgespült. Dieses Gefühl ist der Gegenpol – und womöglich der Grund – ihrer starken Selbsterhaltungsinstinkte. Um sich vor dem Untergehen im Chaos zu schützen, reduzieren sie in solchen Situationen ihren Einsatz von Energie, Zeit und Engagement.

Kurzbeschreibung der Triade 2-3-4

Die „Macher-“ bzw. „Nachahmertriade“ wird in vielen Enneagrammbüchern „Herzzentrum“ genannt. Diese Bezeichnung ist missverständlich, denn 2-3-4er haben wenig bis keinen Kontakt zu den eigenen Gefühlen. Sie haben stattdessen die Antenne für die emotionalen Bedürfnisse und Befindlichkeiten anderer überstark entwickelt und *wirken* deshalb besonders gefühlvoll oder zugewandt. Sie agieren und re-agieren instinktiv. Eine Art von Beklemmung oder Druck hält sie auf Trab. Furcht und Ärger beispielsweise spüren sie nicht direkt. Diese Gefühle können im Bewusstsein der Betroffenen als Aufgeregtheit oder als Szenario künftiger Ereignisse auftauchen – oder als Putzzwang.

Anders als die Energie der 8-9-1-Triade, die im Hier und

Jetzt wurzelt, drängt die Energie der „Macher“ nach außen. Sie verhalten sich instinktiv sozial und passen sich dem an, was die Umwelt ihrer Meinung nach von ihnen will. Dabei nehmen sie die eigenen Reaktionsweisen oft nicht wahr – geschweige denn die eigenen Bedürfnisse. Sie fixieren sich auf zwischenmenschliche Vernetzungen und erleben die Welt als Netzwerk gut und schlecht funktionierender Beziehungen. Für sie gilt, was für *alle* Triaden gilt: Sie gehen davon aus, dass alle das Leben genauso sehen (oder sehen sollten!) wie sie selbst. Ihre Leitfragen lauten: „Mit wem bin ich zusammen?“ bzw. „Wie komme ich an?“ Beide Fragen richten den Fokus nach außen und spiegeln ihre Sehnsucht nach Anerkennung. Ständig führen sie eine virtuelle Messlatte mit sich, um sich mit allen anderen zu vergleichen. Sie überidentifizieren sich mit dem eigenen „Machen“ und der eigenen Leistung. Deshalb sehen sie ihr Leben als gescheitert an, wenn sie eigenen oder fremden Ansprüchen nicht genügen. Sie versuchen das Leben in den Griff zu bekommen, indem sie sich in Projekte stürzen; es geht ihnen gut, wenn sie ein sichtbares Produkt ihrer Anstrengungen vorweisen können.

Menschen dieser Triade leben selten in der Gegenwart. Gute oder schlechte alte Zeiten bevölkern ihre Erinnerungen und rufen nostalgische Gefühle hervor. Pläne, Ziele und das Austüfteln neuer Projekte katapultieren sie in die Zukunft. Folglich scheint die Gegenwart nicht real zu sein. Sie ist nur ein winziger Spalt zwischen Vergangenheit und Zukunft.

Die Angehörigen der 2-3-4-Triade sehen wie erwähnt emotional aus: fröhlich und freundlich oder schwer beladen und melancholisch – je nachdem, was das jeweilige Umfeld „verlangt“. In Wirklichkeit tun sie sich schwer, die eigenen Gefühle wirklich zu spüren und ihr Innerstes auszudrücken. Ihr Gefühlsleben bleibt auf der Strecke, weil es zugunsten der Gefühle anderer verdrängt wird. Da sie so stark außenorientiert sind, ahmen sie die Gefühle anderer nach und äußern das, was die Umstände zu verlangen scheinen. Durch die Ablenkung durch fremde Gefühle und Bedürfnisse verlieren sie den Kontakt zu sich selbst. Selten nehmen sie sich Zeit, um innezuhalten und das eigene Innere zu entdecken.

Kurzbeschreibung der Triade 5-6-7

Die Energie dieser Triade ist darauf ausgerichtet, Informationen aus der Außenwelt an einem sicheren inneren Ort zu deponieren, wo sie sinnvoll zusammengesetzt werden können. 5-6-7er suchen nach einer inneren Ordnung, die sie vor Bedrohungen schützt – und sie fragen sich, wie sie persönlich in ihr selbst erdachtes Denkschema passen. Sie haben durchaus einen Blick für die verschiedenen Möglichkeiten, was man *tun* könnte; die Optionen bleiben aber oft reine Gedankengebilde und werden nie umgesetzt. Angehörige dieser Triade handeln in der Regel erst, wenn sie genügend Informationen gesammelt haben. Das führt dazu, dass sie sich oft vergessen und übersehen fühlen. Das Leben und ihre Mitmenschen rauschen an ihnen vorbei und lassen sie gleichsam zurück, während sie noch damit beschäftigt sind, alles zu sortieren.

Furcht ist das beherrschende Gefühl dieser Triade, sie führt häufig zu Lähmung. Deshalb gibt es keinen organischen Fluss zwischen Idee und Ausführung. Die Aufmerksamkeit und Konzentration ist überwiegend auf das Sammeln von Anregungen und Ideen gerichtet, auf das geistige Ordnen und das Ausfantasieren aller Möglichkeiten und Konsequenzen. Erst wenn 5-6-7er die Dinge mental „auf der Reihe" zu haben meinen, stellt sich das Gefühl ein, alles im Griff zu haben. Weil es jedoch immer noch mehr gibt, was man lernen könnte und bedenken sollte, besteht die Realität häufig nur im Kopf. Die Angehörigen dieser Triade tun sich schwer, zu Entscheidungen zu gelangen, die sie dann auch umsetzen können.

Ihr Leitthema ist „Richtigkeit". Wie und wo passt eine neue Information in ihr bereits fest gefügtes Konzept und Konstrukt der Wirklichkeit? Es geht um die Übereinstimmung der Wirklichkeit mit der inneren Landkarte. Diese „Richtigkeit" hat keinen moralischen Beigeschmack wie bei den 8-9-1ern, die das Leben unter dem Gesichtspunkt von Gut und Schlecht betrachten. Die Suche nach einem neuen Gesamtkonzept, das zusätzliche, neue Informationen integrieren kann, führt bei 5-6-7ern oft zu dem Gefühl, verloren und verwirrt zu sein, und zu ihrer Grundfrage: „Wo bin ich?“

Echte Gefühle helfen 5-6-7ern, Wahrnehmen und Tun zu verbinden. Wenn sie die Stimmigkeit ihrer Gefühle *körperlich* spüren, fließt Energie. Sie finden die Kraft, selbstbewusst und mutig zu handeln. Sich entsprechend zu zeigen ist allerdings für 5-6-7er ein durchaus zwiespältiger Segen: Wenn sie so handeln, fühlen sie sich nicht länger unsicher und vergessen; andererseits geben sie in diesem Augenblick ihre Privatsphäre und Anonymität preis, die sie schützen und sich bewahren wollen.

Zusammenfassung

Dieser knappe Grundriss der drei Enneagrammtriaden kann allenfalls eine erste Ahnung von unserer persönlichen Dynamik vermitteln. Es gäbe noch viel mehr zu sagen über die tief eingeschliffenen Automatismen und Lebensmuster, Motive und Verhaltensweisen nicht nur der drei Triaden, sondern jedes einzelnen der neun spezifischen Enneagrammmuster. Die spezifische Gabe, die jeder Menschentypus zum Ganzen beitragen kann, hat bis jetzt keine Erwähnung gefunden, ebenso nicht, wie sich diese neun unterschiedlichen Sichtweisen und Lebenshaltungen auf unsere Vorstellung vom Schöpfer und dem Ursprung des Lebens auswirken. Deshalb hoffe ich, dass sich diejenigen, die mit der Enneagrammtheorie noch nicht vertraut sind, sich die Zeit nehmen, all dies eingehender zu erforschen. Ich empfehle in diesem Zusammenhang insbesondere die Veröffentlichungen von *A. H. Almaas* und *Sandra Maitri*. Sie beschreiben diese spirituellen Dimensionen meines Erachtens besonders treffend. Ich werde in den folgenden Kapiteln immer wieder auf ihre Bücher Bezug nehmen.

Vor allem aber ermutige ich dazu, an Seminaren und Workshops teilzunehmen, bei denen Menschen unterschiedlicher Enneagrammmuster miteinander über ihre Freuden und Leiden, ihre Lebensthemen und -probleme, ihre Niederlagen und (oft verzerrten) Wahrnehmungen ins Gespräch kommen.

Viele Leserinnen und Leser dieses Buches werden so etwas bereits erlebt haben. Sollte dies nicht der Fall sein, hoffe ich, dass diese knappe Einführung sie motiviert, nach solchen Angeboten Ausschau zu halten. Je umfassender die eigene Kenntnis des Enneagramms ist, desto einleuchtender werden die folgenden Hinweise darauf sein, was Menschen auf dem spirituellen Weg helfen kann.

Darüber hinaus zielt dieses Buch auf eine kontemplative Lebenshaltung. Das betrifft alle Menschen, unabhängig davon, welcher „Typ" sie sind und was sie über das Enneagramm wissen. Die Kenntnis des Enneagramms ist zwar nützlich, aber für diese letzten Fragen nicht heilsnotwendig. Nach meiner Überzeugung trägt das Enneagramm zur Klärung dessen bei, was das (kontemplative) Gebet erschwert. Ich hoffe aber, dass die folgenden Seiten auch unabhängig von der Kenntnis dieses Systems verständlich und wertvoll sind.

Wir alle sind dazu berufen, kontemplativ zu leben. Ich hoffe, dass sich dies bei der Lektüre dieses Buches als die wichtigste Wahrheit erschließt. Als bewusste Wesen sind wir dazu aufgerufen, unser räumlich und zeitlich *begrenztes* Leben mit *dem Ewigen* zu teilen. Dieser wunderbare Auftrag wird uns zur Reife und zur Fülle unserer menschlichen Bestimmung führen.

Einführung

In diesem Buch geht es um den betenden Menschen, und zwar betrachtet aus der Perspektive des Enneagramms. Es befasst sich nicht primär mit dem Inhalt von Gebeten, sondern will Menschen helfen, jenen Ort in sich selbst zu finden, wo sie sich selbst begegnen und in dieser Begegnung dem göttlichen Geist. Grundlage des spirituellen Lebens, des kontemplativen Lebens, des Menschenlebens in seiner ganzen Fülle, des Lebens betender Menschen, des Gebetslebens ist es, *die Gegenwart selbst zu vergegenwärtigen, ganz präsent zu werden.*

Viele Menschen haben eine defizitäre Auffassung vom Gebetsleben. Sie betrachten das Gebet als etwas vom Rest des Lebens Getrenntes, grenzen es zeitlich und räumlich ab und scheiden es von allem anderen, das so zum „Nicht-Gebet" wird. Diese Trennung von Gebet und Nicht-Gebet führt unausweichlich zum Konzept des *Nicht-Spirituellen,* des *Nicht-Sakralen* bzw. des *Säkularen.* Das Leben spaltet sich auf: hier das „Heilige" – auf der anderen Seite das, was wir bestenfalls „nicht-heilig", schlimmstenfalls „unheilig" oder gottlos nennen. Diese Spaltung führt zu einer starren und statischen Lebenssicht. Das Gebet wird dabei auf einen Dialog mit unserer Vorstellung vom Göttlichen reduziert. Sobald wir nicht verbal mit „Gott" reden, wer immer das für uns sein mag, meinen wir, nicht zu beten.

Im Laufe eines spirituellen Lebens mit seinen Veränderungen zeigt sich *der Ewige* in unterschiedlichen Bildern und Gestalten. In diesem Buch geht es wie bereits gesagt eher um die Person, die betet, als um Gebetsinhalte. Das Enneagramm kann bei diesem Prozess hilfreich sein, weil es über das spricht, was Menschen unterscheidet. Diese Unterschiede manifestieren sich nicht zuletzt in den verschiedenen Gottesbildern und Gebetserfahrungen. Wenn wir das Enneagramm nicht nur als Typologie verwenden, sondern kontemplativ mit ihm umgehen, erschließt es uns die Realität immer umfassender.

Thomas Merton, amerikanischer Trappistenmönch und einer der großen spirituellen Lehrer des 20. Jahrhunderts, äußerte sich mit zunehmendem Alter immer zurückhaltender über das Gebet. Je weiser und reifer er wurde, desto tiefer wurde seine Gewissheit, dass man nicht anklopfen muss, um in Gottes Gegenwart zu gelangen. In Wahrheit sind wir bereits dort! Um ein Gebetsleben bzw. ein kontemplatives Leben zu entwickeln, müssen wir schlicht erkennen, dass wir uns nie außerhalb Gottes befinden können. Alle Menschen sind dazu bestimmt, kontemplativ zu sein, ob sie den Acker bebauen oder in Fabriken, Büros und Laboratorien arbeiten, an Universitäten oder im Kindergarten unterrichten oder für Haus und Familie sorgen. Alle Menschen sind dazu erschaffen, bewusst und wach zu sein und die Wirklichkeit mit weit geöffneten Augen anzuschauen. Unsere Bestimmung als Menschen ist es, immer größeres Bewusstsein zu erlangen, zunehmend bewusst zu leben. Die Fähigkeit, das Ganze der Schöpfung zu reflektieren – die eigene Geschöpflichkeit und die unserer Mitmenschen und unserer Mitwelt –, unterscheidet uns von unserem Haustier, das neben unserem Sessel schläft.

Die kontemplative Neigung ist dem Menschen angeboren. Man muss nur einem kleinen Kind zusehen, wie es ins Leben wächst, um zu wissen, dass es so ist. Eine beliebige Tätigkeit eines Kindes, sei es Spielen oder der Anblick eines Schmetterlings, zeigt, dass es ganz eins ist mit dem Erlebten. Im Laufe der Zeit jedoch verlieren wir die angeborene Fähigkeit, das Leben ganz aufzunehmen, so wie es sich in jedem neuen Augenblick zeigt. Im Laufe der Zeit werden wir vorsichtiger, reservierter, distanzierter. Wir richten Barrieren auf zwischen uns und der Realität in uns und um uns herum.

Später müssen wir den Pfad zur Fülle unseres Seins und Daseins neu suchen. Dabei lassen wir – wenn es gut geht – immer mehr von all dem an uns heran, was uns umgibt. Als erwachsen Gewordene entdecken wir neu, was wir während des Erwachsenwerdens vergessen haben. Wir kommen erneut in Kontakt mit unserem empfänglichen inneren Kind und finden so zurück zu jener kontemplativen Haltung, die nötig ist, wenn wir Betende werden wollen.

Verschiedene Analogien illustrieren diese kontemplative Haltung, unter anderem die Freundschaft mit uns selbst, die Selbstwertschätzung. Menschen, die uns lieb und wert sind, behandeln wir respektvoll und mit Achtsamkeit. Wir vertrauen ihnen und glauben an ihre Güte und ihren Respekt für uns. Wir hören unseren Freunden zu, wenn sie mit uns sprechen, hören an, was sie zu sagen haben, ohne sie zu unterbrechen oder die Kommunikation abzuwürgen, weil wir schon im Voraus zu wissen meinen, was sie uns zu sagen haben.

Eine kontemplative Haltung gegenüber dem eigenen Leben führt dazu, dass alles in unser Bewusstsein kommen darf, was sich zeigen will. Wir sind ganz Ohr. Wir gehen nicht davon aus, schon alles zu wissen, was es über uns, einen Mitmenschen oder unser Umfeld zu wissen gibt. Die Offenheit für das Neue und Überraschende ist wesentlicher Teil jeder echten Freundschaft. Das gilt auch für das Befreundetsein mit uns selbst.

Für jede Freundschaft wesentlich ist außerdem Geduld. Wir verlangen von unseren Freunden nicht, dass sie uns ihr Herz restlos ausschütten; wir warten, bis die Freundin oder der Freund dazu bereit und die Zeit für sie reif ist. Dabei gibt es keine Hast. Wir leben gemeinsam und manche Mitteilungen können warten. Dasselbe gilt, wenn wir uns selbst gute Freunde sind. Wir erlauben der Wahrheit, uns bewusst zu werden. Aber wir zwingen sie nicht herbei. Als unser eigener Freund wissen wir intuitiv, was wir jetzt ertragen, wie viel Realität wir derzeit verarbeiten können und was „dran" ist.

Ein ganz anderes Bild, das für mich das Wesen der kontemplativen Haltung einfängt, stammt von *Piero Ferrucci*. Er nennt es „einen Vogel in der Hand halten". Diese Haltung fühlt sich wie fokussierte Aufmerksamkeit und achtsame Präsenz an. Wir müssen den Vogel, der die Realität repräsentiert, mit einem gewissen Grad von Festigkeit halten. Wenn wir unsere Gedanken abschweifen lassen, dann werden sie wie der Vogel davonfliegen. Diszipliniertes Lauschen ist wesentlich für die Kontemplation und unterscheidet sie von Tagträumerei. Andererseits darf die Ausrichtung auf das, was uns der jeweilige Augenblick darbietet – ein Gefühl, eine Person, eine Handlung, eine Idee –, nicht *zu* intensiv sein. Gewalt und Druck werden die Achtsamkeit ebenso töten, wie ein zu fester Griff den Vogel in unserer Hand sterben lässt. Festigkeit und Leichtigkeit, Ernst und zugleich eine spielerische Haltung halten Wesen und Wahrheit jedes Augenblicks lebendig.

In einem solchen kontemplativen Umfeld wird die Freundschaft zu uns selbst, unsere persönliche Wahrheit, aufblühen. Nach und nach werden wir von unserem inneren Kind all das lernen, was wir infolge von Verdrängung, Nachlässigkeit, Vergesslichkeit, Unachtsamkeit, Oberflächlichkeit, überzogener Ansprüche und Selbstverachtung vergessen haben.

Demütige Wahrhaftigkeit ist das Fundament spirituellen Lebens. Alle großen geistlichen Traditionen beziehen sich darauf, dass wir begrenzte Geschöpfe sind. Die Lehre von der Fleischwerdung Gottes umfasst nicht nur, dass Jesus herabgestiegen ist und sich auf unser irdisches, „banales" Menschsein eingelassen hat, sondern bedeutet auch, dass auch wir in die Tiefen unseres eigenen Lebens hinabsteigen müssen, wenn wir ihm und seiner Inkarnation nachfolgen wollen.

Auf dem Weg zur Fülle dessen, wer wir sind und wie wir persönlich „Fleisch geworden" sind, begegnet uns das Enneagramm. Wenn wir die eigene angeborene „Verortung" und die sich daraus ergebende Lebenssicht erkennen – einschließlich der Themen und Probleme, mit denen wir aufgrund unseres spezifischen Gestaltmusters zu tun haben –, ist das bereits Veränderung. Erkenntnis ist schon Wandel. Zu akzeptieren, was wir erkennen, bedeutet radikale Veränderung, Bekehrung und Verwandlung. Es bedeutet, sich auf die Realität einzulassen, *die ist, wie sie ist.* So werden wir im Laufe unseres Lebens nach und nach zu wirklichen Beterinnen und Betern verwandelt. Wir werden zu Menschen, die eins werden mit Gottes Absicht für uns selbst, für andere und für die Welt.

Nach Thomas Merton bedeutet Beten *lebenslanges* Verharren im Gebet und den Verzicht darauf, vor der eigenen Person davonzulaufen. Das Enneagramm hilft uns zu sehen, auf welch spezifische Weise wir dieser unserer Mitte ausweichen und uns anderswo, außerhalb dieses Zentrums und seiner schlichten Wahrheit verorten. Thomas Merton hebt hervor, dass uns angeborene Kräfte innewohnen, die uns bei der Reise zu jener Mitte unterstützen, wo unser Geist und der Geist Jesu eins werden. Wer diese Erfahrung macht, begegnet zugleich dem *eigenen* Geist und über ihn hinaus dem Geist *Jesu.*

Der Heilige Benedikt, der im 6. Jahrhundert das abendländische Mönchtum begründet hat, beginnt die Darstellung des geistlichen Lebens in seiner Mönchsregel mit dem Wort „Höre!". Ich borge mir diese Aufforderung und ermutige meine Leserinnen und Leser, auf die Worte dieses Buches in einer Haltung zu lauschen, die an jene Mischung von Festigkeit und Flexibilität erinnert, mit der wir einen Vogel in der Hand halten würden. Ohne diese Haltung finden wir allenfalls ein paar Informationen darüber, wie man Gebete sagen soll, oder über interessante Gebetsmethoden. Entscheidend ist jedoch, dass wir uns einer Erfahrung aussetzen, die unser tiefstes Selbst als Beterin oder Beter offenbart und beschreibt.

Ein weiteres Bild, mit dem ich die kontemplative Einstellung gerne beschreibe, bezieht sich auf die Art Papierball, mit dem japanische Kinder spielen. Dieser Ball hat ein Loch und wird mit Atemluft aufgeblasen. Der Ball bleibt gefüllt, bis ein harter Schlag die Luft herauspresst oder gar das Papier zerfetzt. Berühren die Spieler den Ball hingegen leicht genug, bleibt er gefüllt und kann vor- und zurückgeschlagen werden.

Diese Art von „Berührung" empfehle ich für die Lektüre der folgenden Kapitel. Ein allzu forsches Informationsstreben mit dem Ziel, das eigene Beten zu optimieren, wird in Frustration enden. Am besten lässt sich dieses Buch kontemplativ nutzen, wenn wir unsere Lebenserfahrung mit dem vergleichen, was andere Menschen nach eigener Aussage zu Beterinnen und Betern gemacht hat. Es geht darum, unsere eigene Erfahrung mit einer gewissen Leichtigkeit, ja fast spielerisch, mit ihrer Erfahrung in Beziehung zu setzen.

All unsere Erfahrungen sind einmalig. Deshalb werden wir nicht immer mit dem konform gehen, was andere Menschen über ihr Beten sagen. Die mündliche Tradition des Enneagramms unterstreicht, dass das menschliche Leben sich ständig verändert und im Fluss ist. Unsere kontemplative Seite, unsere letzte und tiefste Realität, das innere Kind ohne Lügen oder Verstellungen, ohne Schutz- und Abwehrmechanismen kann sich spielerisch und locker auf die Mitmenschen einlassen. Deren Spiritualität versuche ich auf den folgenden Seiten zu beschreiben. Ich hoffe, dieses Material enthält Brauchbares und Sinnvolles für Ihr Gebetsleben.

Mögen Sie sich selbst als Beterin bzw. Beter besser kennenlernen – sei es, dass Sie sich in den folgenden Beschreibungen wiederfinden, sei es, dass meine Worte es Ihnen ermöglichen, Ihre eigene Wahrheit klarer zu erfassen und auszudrücken. Ihr kontemplatives inneres Kind kennt diese Wahrheit bereits. Lassen Sie das Kind jetzt neben sich sitzen, wenn wir fortfahren.

Zugänge zum geistlichen Leben

Zugänge zum inneren Leben für die Triade 8-9-1

Wie sehen die Mitglieder dieser Triade das innere Leben, das Seelenleben, das Leben des Geistes? Für 8-9-1-Menschen besteht der Zugang zur Wirklichkeit einfach im *Da-Sein.* Dieses schlichte Da-Sein bringen sie auch in ihr spirituelles und kontemplatives Leben mit. Die spirituellen Meisterinnen und Meister nennen es „im Gebet sein". Teresa von Avila, die höchstwahrscheinlich selbst dieser Triade angehört hat, hat diese Art des Betens *liebende Aufmerksamkeit* genannt. Das Gebet der liebenden Aufmerksamkeit besteht in einer inneren Sammlung, bei der der Mensch zugleich in der eigenen Mitte und in der Präsenz Gottes verweilt.

Diese Weise des Betens bedarf keines Denkens und Fühlens, keiner Bewegung und keines Inhalts. Einfaches Da-Sein ist eine heilsame und beruhigende Erfahrung. Indem das Selbst von allen Inhalten entleert und gelöst wird, gelangt der Mensch zur Mitte, zur Stille und zu ungetrübter Einfachheit. Dieser Ort ist friedvoll, ein Ort der Freude und der inneren Gründung. Dort lässt der Mensch Gott Gott sein. Dieses Beten ist Vereinigung, Einsseins und Freiheit. Durch diese Weise des Betens und durch diese innere Haltung breitet sich eine nährende Stille aus.

8-9-1er lernen durch dieses Beten, ihre gewohnte Haltung – den Dauerkampf zwischen Mensch und Gott, Fleisch und Geist – loszulassen und sich zu ergeben. So zu beten ist für sie äußerst tapfer, denn sie fürchten sich zutiefst davor, sich in Gott fallen zu lassen: Was wird ihnen widerfahren, wenn sie es wagen? Sie könnten verschlungen werden; sie könnten vernichtet werden; sie könnten niemals zurückkehren. Diese Furcht steht der ihnen gemäßen natürlichen Art des Betens im Weg, nämlich einfach in der Gegenwart zu sein.

Die Angst vor Selbstverlust steuern 8-9-1er unter anderem durch wache Aufmerksamkeit. Dabei fungiert ihr Ich als

Kontrollinstanz. Wenn ihnen dieses Ich beisteht und auf sie achtet, haben sie weniger Angst davor, sich dem Strom des Lebens zu überlassen, der ihre wohlbehüteten Ichgrenzen überschwemmen könnte. In Wahrheit gibt es nichts zu fürchten. Sie werden niemals so eins werden mit dem Göttlichen, dass sie sich dadurch selbst verlieren. Während sie das eigene Sein hingeben und Gott ausliefern, bleiben sie doch sie selbst, ja sie *werden* in gesteigertem Maße sie selbst. Beim Beten machen sie die Lernerfahrung, dass Gott ihre Existenz respektiert und wertschätzt.

Menschen, die es zum kontemplativen Gebet zieht, entwickeln häufig Schuldgefühle. Sie fragen sich, ob sie dabei irgendetwas *tun,* denn sie kennen ja ihre eigene Tendenz nur zu gut, gelegentlich träge zu sein und wirkliche innere Arbeit zu vermeiden. Sie wissen, dass sie Dinge gern vergessen, die Angst machen oder zu konfliktträchtig und aufreibend sind, um sie anzuschauen. Sie können die Wirklichkeit manchmal einfach ausschalten, sodass sie sozusagen nicht mehr vorhanden ist. Angesichts dieser Neigung fragen sie sich unter Umständen, was sie da eigentlich treiben, wenn sie sich Zeit zum Beten nehmen. Die Antwort liegt im Ergebnis der so verbrachten Zeit: Wenn das Resultat lebendige, wache und aktive Präsenz ist, dann haben sie tatsächlich gebetet.

Ein Mann, der dieser Triade angehört, äußerte mir gegenüber diese Sorge. Ich fragte ihn, wie er seine Gebetszeit konkret gestaltet. Er zog sich morgens an, holte sich in der Küche eine Tasse Kaffee und kehrte mit ihr in sein Zimmer zurück, um dann etwa eine Stunde lang in seinem bequemen Sessel zu sitzen. Beunruhigend fand er, dass er nichts tat, während er so dasaß. Auf meine Frage, wie es ihm nach dieser Stunde gehe, beschrieb er sich als wach und lebendig und bereit, den Tag zu beginnen und sich dem zu stellen, was immer der Tag bringen würde. Ich ermutigte ihn, dieser Energie zu vertrauen. Ergebnis dieser Zeit am Morgen war, dass er präsent sein konnte. Das ist das Wesen jeder authentischen Gebetsweise.

8-9-1er benötigen Energie, um sich zu sammeln, zur Ruhe zu

kommen und dem Leben hellwach und aufmerksam zu begegnen. Anstatt sich zu kritisieren und zu verurteilen, müssen sie sich einfach auf die Erfahrung einlassen. Das hat nichts mit jenem fatalen *Quietismus* zu tun, den manche spirituelle Autoren kritisieren: eine rein passive spirituelle Haltung, die sich ganz „Gott“ ausliefert und auf jede eigene Lebensgestaltung verzichtet. Beim Beten in liebender Aufmerksamkeit geht es weder um Antriebslosigkeit noch um Todesstarre, sondern im Gegenteil um die Erfahrung erfüllterer Lebendigkeit. Bei diesem Gebet handelt sich auch nicht um eine Pseudo-Einswerdung oder um ein symbiotisches Verschmelzen mit der Umgebung, sodass die Betenden keine Verantwortung mehr für das Geschehen hätten. Und schließlich ist es auch kein Ausmerzen und kein Verlust der Ichgrenze. Vielmehr trifft Präsenz auf Präsenz – mit der ganzen Vitalität, die solch einer Begegnung innewohnt.

Auch Menschen, die nicht dieser Triade angehören, erleben gelegentlich das soeben Beschriebene. Diese Erfahrung von Realität betrifft aber in besonderer Weise 8-9-1er, sie ist für sie „normal“. Sie wählen häufig den beschriebenen (oder einen ähnlichen) Zugang und finden, dass er besonders geeignet ist, sie zu wahrhaft Betenden zu machen.

Zugänge zum inneren Leben für die Triade 2-3-4

Formale Gebetszeiten bedeuten für die Angehörigen dieser Triade – der Triade des Tätigseins – in erster Linie, zur Ruhe zu kommen, alle Bewegung und allen Aktivismus zu unterbrechen, den Energiefluss zu stoppen, den sie in die Außenwelt verströmt haben. Zwar wirken sie häufig emotional, aber sie sind oft so sehr vom Tun absorbiert, dass sie keinen Kontakt zu ihren eigenen Gefühlen haben. Geistliche Erfahrung aber ist auf Gefühl und Affekt angewiesen. Weil sie emotions- und affektgeladen ist, entsteht innere Bewegtheit und schenkt Energie.

Aber gerade der Bereich der Emotionen und Affekte ist den Angehörigen dieser Triade am wenigsten zugänglich. Zwar imitieren sie häufig die Emotion, die gerade im Raum ist; zur eigentlichen Gefühlserfahrung haben sie jedoch trotzdem kaum Zugang. Ihr instinktiver Aktions- und Tatendrang stranguliert ihr Innenleben.

Wegen dieser Dynamik besteht die Lebensaufgabe von 2-3-4ern in wirklicher Selbstfürsorge. Sie müssen sich die Zeit und Ruhe gönnen, um ihr Gefühlsleben und die aus ihm hervorgehende Energie tatsächlich zu erfahren. Echte Selbstfürsorge kann ihr Weg sein, „den Geist zu entfachen" und ihre nur noch glimmende Gefühlsglut anzublasen. So gelangen sie zu der Wärme gefühlter Liebe, gefühlter Angst und gefühlten Zorns. Indem die Glut ihres eigenen geistlichen Lebens entfacht wird, kommen sie in Kontakt mit dem ewigen Geist. Für diese Triade hat der Geist Jesu, wie er hier und heute in der Welt wirkt, große Bedeutung. Natürlich ist der Geist Jesu für alle Menschen wichtig. Dieser göttliche Aspekt ist aber vor allem 2-3-4ern auf ihrem spirituellen Weg in besonderer Weise zugänglich.

Echtes Gefühl ist für 2-3-4er der Beweis inneren Lebens. Sie sind gefühlshungrig und haben keine Angst davor, von Gefühlen überwältigt zu werden wie etwa die 8-9-1er. Ein Mann aus der Triade 8-9-1 erzählte mir einmal von einem wiederkehrenden Traum, in dem er am Meer stand und von Wellen überflutet wurde, die über das Ufer traten und ihn in die Tiefe zogen. Für ihn standen diese Wellen für das Ertrinken in überwältigenden Gefühlen. Angehörige von 2-3-4 hingegen sehnen sich nach echten Gefühlen, weil sie wissen, wie viel Vitalität sie ihnen schenken. Die trockene Öde und Leere des Aktivismus weicht, wenn sich Gefühle – angenehme wie unangenehme! – manifestieren. Wenn Mitglieder der Triade 2-3-4 etwas fürchten, dann höchstens, dass die Gefühle so zahlreich und so stark werden könnten, dass sie selbst nicht mehr effektiv funktionieren würden. Effizientes Funktionieren macht in ihrem Selbstbild ihren Wert aus; sie definieren sich durch das, was sie tun.

Ein Mensch in dieser Triade muss den Gefühlen erlauben, von ihm Besitz zu ergreifen. Anstatt „Zorn zu haben" muss er „zornig sein". Er muss sich erlauben, auszurasten und zu toben, anstatt sich *einzureden,* er sei ärgerlich – so als würde er das Gefühl von außen beobachten und mit einem Etikett versehen. Es ist besser für ihn, seine Wut zum Gebet werden zu lassen als seine Wut zu bebeten. Die ungeschminkte Erfahrung der Wut ist Gebet, nicht die Definition „ich habe Wut". Der Jesuitenpater und spirituelle Lehrer *Anthony de Mello,* der vermutlich selbst dieser Triade angehörte, beschreibt dies in seinen Büchern immer wieder. Nach seiner Überzeugung muss man die eigene Erfahrung leben, statt sie auszuwerten und zu analysieren. Selbstbewertung ist ein typisches Problem im Bereich 2-3-4. Selbstbeobachtung ist eine Aktivität, ein Machen; sie kritisiert und misst Erfahrung von außen.

Die Spiritualität dieser Triade ist horizontal. Gott ist für 2-3-4er nicht über uns, sondern in uns und anderen. Wenn sie mit dem Geist in sich selbst in Berührung kommen – das heißt, wenn sie ihren Gefühlen ein Eigenleben zugestehen –, finden sie nach den Worten von *Karlfried von Dürckheim* in diesem Akt *mehr als sich selbst.* In dem Maße, in dem ein Mensch sich selbst spürt, spürt er auch den oder das *„Größer-als-ich-selbst".* Indem sie ihre Gefühle leben lassen, finden Mitglieder der Triade 2-3-4 zu jener wachen Präsenz, wie sie weiter oben im Zusammenhang mit der Triade 8-9-1 beschrieben ist. Da 2-3-4er sich des Geistes bewusst sind, der in ihnen und in anderen lebt, suchen sie Gott instinktiv in ihren Mitmenschen. Dort trifft ihre eigene „fleischgewordene Göttlichkeit" und die ihrer Mitmenschen auf Gott selbst, auf die Quelle des Lebens. 2-3-4er begegnen Gott, wenn sie tief ins eigene Herz blicken und in das Herz anderer Menschen.

Auch dieser Triade ist der bereits erwähnte verhängnisvolle Quietismus nicht fremd, jener große Zerstörer des Gebetslebens. Was aber führt dazu? Oder anders ausgedrückt: Wie verweigert diese Triade *echte* Spiritualität? Häufig ist das, was 2-3-4er Sammlung nennen, in Wahrheit reine Passivität.

Weil sie um jeden Preis aktiv sein müssen, versuchen sie manchmal, ihr Inneres gewaltsam zu leeren und halten das für innere Sammlung. Es ist, als würden sie die Düsen ihrer Energie abschalten – mit dem Ergebnis, dass sie gelangweilt und schläfrig werden anstatt lebendig und vital. Der spirituelle Lehrer *David Steindl-Rast* erzählt von einer Spinne, die einfach tut, was sie tut. *Age quod agis* – tu, was du tust! –, rieten die alten spirituellen Meister den Suchenden. Die Spinne spinnt einfach ihr Netz. Wenn jemand dieses Netz zerstört, regt sich die Spinne nicht auf. Schon im nächsten Augenblick beginnt sie, ein neues Netz zu schaffen.

Es ist ein Unterschied, ob man eine Stunde wacht und betet oder ob man lauert, wie lange die Stunde des Betens dauert. Wenn man auf die Dauer achtet, führt das in der Regel zum Quietismus; es bedeutet auszuhalten, bis 60 Minuten vorbei sind. Eine Stunde wachen und beten hingegen bedeutet, eine Stunde lang wach und aufmerksam da zu sein bei allem, was in dieser Stunde in jedem neuen Augenblick geschieht. Als ich mich einmal über einen Vorfall am Frühstückstisch sehr geärgert hatte, war ich während der folgenden Gebetsstunde stark abgelenkt. Ich versuchte vergeblich, „mein Inneres zu leeren“ und mich zu beruhigen, um mich auf den Bibelabschnitt zu konzentrieren, den ich für meine Meditation ausgewählt hatte. Frustriert beschloss ich schließlich, meine geistigen Anstrengungen sein zu lassen und einfach der wütende Mensch zu sein, der ich in diesem Augenblick war. Danach verging die Zeit wie im Flug; ich war wach und ganz da. Als ich gegen Ende der Stunde noch einmal den Bibelabschnitt aufgriff, sprach er zu mir mit einer Deutlichkeit und Relevanz, die mir beim ersten Mal entgangen war, als ich genau jene Gefühle unterdrückt hatte, von denen in dem Abschnitt die Rede war. Diese Art von Innenleben ist für 2-3-4er wichtiger als ein ruhiger, wohltemperierter, emotionsloser und distanzierter Zustand.

Das Streben nach einer Leere, in der man an nichts denkt und von nichts bewegt wird, ist Götzendienst, so etwa wenn das „Nada“, das „Nichts“, an Gottes Stelle tritt und zum Anbetungsobjekt wird. *Thomas Merton* nennt das die Selbstanbetung eines endlichen Wesens, das in sich selbst und die eigene Trivialität versunken ist. Wenn wir unsere Aufmerksamkeit auf unser eigenes Ego und unser eigenes Selbstbild richten, werden wir nach Auffassung von *Sam Keen* zu narzisstischen Nabelbeschauern. Sobald wir dagegen unsere genuine Wirklichkeit zulassen, einschließlich der Dinge, die wir an uns mögen, aber auch der Züge, die wir nicht mögen, wenn wir so sind, wie wir sind, dann sind wir nicht länger narzisstisch. Wir befinden uns dann vielmehr im schmerzhaften und konfrontierenden Prozess der Umkehr oder Verwandlung. Wenn unser Ziel hingegen darin besteht, in die Dunkelheit vorzustoßen, machen wir die Dunkelheit zum Götzen. Unser Ziel muss es sein, zu Gott vorzustoßen, und zwar so, wie wir *jetzt* gerade sind.

Zugänge zum inneren Leben für die Triade 5-6-7

Welchen Zugang haben Menschen der Triade 5-6-7 zum inneren Leben? Wie entdecken sie die Beterin und den Beter in sich? Die Hauptaufgabe für sie besteht darin, die *eigene* Erfahrung zu achten und wertzuschätzen. In dieser Triade verbindet sich das fleischgewordene Wort Gottes, Jesus, Gottes Sohn, mit dem eigenen persönlichen inneren Wort der 5-6-7er. Sie müssen sich selbst als Inkarnation wahrnehmen, sie müssen selbst „Fleisch werden". Schritt für Schritt müssen sie sich erlauben, sich als Mensch zu entfalten und aufzublühen – zunächst für sich selbst, dann auch für ihre Mitmenschen. In dieses Geschehen müssen sie ihre *gesamte* Sinneskraft einbringen. Für sie als Menschen, die in hohem Maße empfänglich sind, ist es wichtig, die Übertreibung ihres Seh-Sinnes zu vermeiden, die sich darin äußert, dass sie der Realität gegenüberstehen und ausschließlich beobachten. Sie müssen berühren, schmecken und riechen und ihrem Gespür Beachtung schenken, jener inneren Instanz, die ihnen zeigt, wie sehr sie bei sich sind oder nicht, wann sie „auf Sendung" sind und wann sie „abgeschaltet" haben. Dadurch nehmen sie wahr, wann sie vertrocknet und körperlos sind und nur noch der Kopf funktioniert. Für 5-6-7er geht es darum, sich vor einem oberflächlichen Innenleben auf Sparflamme zu hüten, das den freien Fluss von innen nach außen aufhält. Sie brauchen einen Energieabfluss, ein Strömen, das sie davor bewahrt, sich vom eigenen Leben und dem Leben um sie herum abzuschotten. Mit anderen Worten: Mitglieder dieser Triade müssen darauf achten, dass sie nicht in Meinungen und Konzepten hängen bleiben, sondern vorstoßen zu physischen und psychischen Reaktionen auf die eigene geistige Energie.

Angehörige der 5-6-7-Triade neigen dazu, alles wortwörtlich zu nehmen. Sie klammern sich an das, was sie sehen, an Fakten und Daten. Deswegen sind sie oftmals blind für andere Ebenen als die der Sinneswahrnehmung. Sie suchen nach einer Art „Schlüssel", einer letzten verbindliche Wahrheit, die alles ordnet und sinnvoll zusammenfügt. Sie müssen begreifen, dass es solch einen „Schlüssel" nicht gibt. Diese Einsicht macht 5-6-7ern Angst, denn sie verlassen sich auf ihr inneres System, das alles einordnet und ihnen so ein Gefühl von Sicherheit vermittelt. Ich habe einmal mit einer Dame gearbeitet, die vom Enneagramm völlig begeistert war. Als ich ihr erklärte, wie hilfreich es auch für ihre spirituelle Entwicklung sein könnte, antwortete sie: „Ja, denn es gibt mir einen Schlüssel für alles in die Hand; das Enneagramm ist der Schlüssel!" Ich erinnerte sie daran, dass es keinen ultimativen Schlüssel gibt – und sah blankes Entsetzen in ihren Augen, ausgelöst von dem Gedanken, dass sie womöglich niemals das finden würde, was sie für so wesentlich hielt.

Menschen der Triade 5-6-7 müssen sich bewusst werden, dass nicht eine Antwort die gesamte Wirklichkeit gültig oder end-gültig entschlüsselt, sondern der Prozess des Lebens selbst die Lösung ist. Der Lebenssinn entfaltet sich ständig weiter, indem der Mensch Tag für Tag lebt. Während wir uns im spirituellen Leben – was nichts anderes ist als das eigentliche und echte Menschenleben – Schritt für Schritt vorwärts bewegen, entdecken wir seinen Sinn. Der Weg ist das Ziel.

Für diese Triade ist ein dialogisches Gebet, ein Gespräch mit Gott natürlich und wichtig. Jesus ist für die Menschen dieser Triade vor allem Inspirationsquelle. Natürlich ist er das für alle von uns, aber dieser Aspekt ist für die Mitglieder der Triade 5-6-7 besonders bedeutsam. Mit dem Vaterunser hat Jesus selbst uns das dialogische Gebet gelehrt und damit zugleich die Frage beantwortet, wie man beten soll.

Das dialogische Gebet ist für die Triade 5-6-7 deshalb so wichtig, weil es von einer übertriebenen Ausrichtung auf das eigene Innere und von der (neu)gierigen passiven Übernahme fremder Erfahrung wegführt. Es führt vom Aufsaugen der Umwelt zum Schritt nach außen, zu Begegnung und Hingabe. Das erfordert, sich zu zeigen: zu sagen, wer man ist, woran man glaubt und wie man liebt. Dazu gehört auch, klar zu bekennen, wie man zu Gott steht. Auf diese Weise führt dialogisches Beten die 5-6-7er-Persönlichkeit aus der Isolation in die Beziehung zum *anderen.* Angehörige der Triade 8-9-1 verkämpfen sich ständig, weil ihnen das Leben in Segmente gespalten erscheint: innen – außen, Geist – Fleisch, Mensch – Gott. Ihr schlichtes Gebet des Da-Seins beseitigt diese Barrieren und Grenzen, sodass eine Balance entsteht, die die Realität zusammenhält, ohne dass sie ständig hin und herspringen müssen. Für 5-6-7er ist es die Bewegung *nach außen,* die den Ausgleich herstellt. Das überzogene Horten von Energie wird durch die Selbst(ent)äußerung im dialogischen Gebet ausbalanciert.

Einfaches Atmen kann für Menschen dieser Triade zu einer wichtigen Übung werden. Es geht darum, sich nach außen zu öffnen, anstatt Konzepte zu sammeln und zu versuchen, sie in ein vorhandenes internes System einzufügen. Wir alle müssen, wie schon erwähnt, auf der Hut sein vor Quietismus. Quietismus ist das Gegenteil von Kontemplation und bedeutet gerade *nicht,* das Leben mit offenen Augen zu sehen, sondern vermeidet es eher, der Wirklichkeit ins Auge zu blicken. Der Quietismus der Triade 5-6-7 manifestiert sich in der Arbeit allein mit dem Kopf; dadurch wird das Leben in die Grenzen des Verstands gezwängt. Diese Kopfarbeit führt zu einer ungesunden Absonderung von der persönlichen Wahrheit, von den Mitmenschen und von Gott – und damit von echtem geistlichem Leben.

Menschen der Triade 2-3-4 stehen unter einem regelrechten Zwang, nach *außen* zu gehen. Das erschwert ihren Zugang zum geistlichen Leben und wird deshalb als Problem empfunden. 2-3-4er suchen nach zwischenmenschlichen Beziehungen und Bindungen. Dabei handelt es sich aber nicht um eine affektiv-emotionale Bindung, die Menschen tatsächlich in eine gegenseitige wache Präsenz bringt. Es ist eher eine externe Verbundenheit, die das Außen organisiert und kontrolliert. So wie die Triade 5-6-7 das Innenleben organisiert, neigen 2-3-4er dazu, das Außenleben und die zwischenmenschlichen Beziehungen zu organisieren. Wenn sie ihrem Automatismus folgen, spielt sich ihr Leben zum großen Teil im Außen ab. Finden sie dagegen zu Balance und Sammlung, bewegen sie sich nach innen.

Zusammenfassend: 8-9-1er müssen ihre Entweder-oder-Haltung zugunsten einer Sowohl-als-auch-Haltung aufgeben, indem sie die gesamte Wirklichkeit sehen und zusammenhalten. 5-6-7er gelangen zur Sammlung, indem sie ihre innere Schwerpunktsetzung durch den Schritt nach außen ergänzen. 2-3-4er müssen durch ihr Innenleben Sammlung und jenen Ausgleich finden, die ihrer Außenorientierung Tiefgang gibt.

Methoden des Gebetslebens

Focusing als Weg, das innere Leben zu nähren

Focusing, eine von dem Philosophen und Psychologen *Eugene Gendlin* entwickelte Therapiemethode, beruht – stark verkürzt gesagt – auf der Fühlungnahme mit dem *felt sense.* Damit ist die Wirkung unserer Erfahrungen auf unsere Gesamtperson, auf Geist, Körper und Gefühle gemeint. Focusing setzt voraus, dass jeder Mensch, der reflektiert, zugleich auch fokussiert. In dieser Bedeutung, wie Eugene Gendlin sie in seinem Buch „Focusing" beschreibt, wird der Begriff auch hier verwendet.

Weshalb verändern sich einige Menschen und reifen, andere jedoch nicht? Nach Gendlin wachsen diejenigen an Einsicht und Bewusstsein, die gelernt haben, auf das zu hören, was ihnen ihre *gesamte* Person mitteilt.

Gendlin hat einen Weg eröffnet, wie Menschen nicht nur ihre Gedanken und Gefühle ins Kalkül ziehen können, sondern auch die damit im Zusammenhang stehenden Körperwahrnehmungen. Damit das nicht dem Zufall überlassen bleibt, hat Gendlin einzelne Schritte entwickelt, durch die man sich solche Körperwahrnehmungen bewusst machen kann. So wird es möglich, gleichsam zu „lesen", was uns der eigene Organismus mitteilt. Wir alle kennen Aha-Erlebnisse („Darum geht's also!" oder „Das bedeutet das also!"), die oft so intensiv sind, dass wir sie mit unserer gesamten Person spüren. Durch die von Gendlin entwickelte Methode können wir an dieses Wissen des Organismus andocken. Es schenkt uns jene Gewissheit, Überzeugung und Sicherheit, die wir brauchen, um zu den eigenen Wahrheiten zu stellen und notwendige Veränderungen im Leben zu vollziehen. Mit anderen Worten: Diese Methode hilft uns herauszufinden, was unsere individuelle spirituelle Berufung ist.

Gendlin unterscheidet bei diesem Prozess sechs spezifische Schritte. Ich stelle sie nicht im Einzelnen dar, sondern beschreibe stattdessen, welchen Zugang die Angehörigen der unterschiedlichen Enneagrammtriaden zu den von ihm beschriebenen Focusingmethoden haben und welche der Schritte für jede Triade besonders bedeutsam sind.

Triade 8-9-1

Für die Mitglieder der Triade 8-9-1, die schnell von den eigenen Emotionen überwältigt werden, ist es wichtig, sich vom eigenen Erleben zu desidentifizieren. Sie müssen sich buchstäblich von den oft überwältigenden Wellen ihrer Gefühlsreaktionen dispensieren. Als ersten Schritt bei der Focusingmethode empfiehlt Gendlin, den fokussierten Gegenstand in der Imagination außerhalb von sich selbst hinzustellen und zu betrachten.

Distanz zu wahren hilft 8-9-1ern, eine angemessene Perspektive zu finden, und vermindert die Furcht, von den eigenen Emotionen fortgeschwemmt zu werden. Sobald Angehörige der 8-9-1-Triade diese Distanz und Perspektive finden, schrumpft die Panik und sie sind imstande, zu klären, zu unterscheiden, zu verstehen und zu objektivieren, was immer gerade „Sache" ist. Die ersten Schritte des Focusing helfen den Angehörigen dieser Triade zu sehen, dass sie nicht ausgelöscht werden und dass es sie nicht überfordern wird, wenn sie sich auf das Gesamtgeschehen einlassen. Stattdessen werden sie merken, dass mehr in ihnen steckt als dieser Argwohn und dass sie die Situation objektiv betrachtet bewältigen können. Mit einer gewissen inneren Distanz können sie auch sehen, wie die momentane Erfahrung mit früheren Erfahrungen zusammenhängt. 8-9-1er müssen diesen Abstand finden. Nur so können sie anschauen, was sonst überwältigend wäre. Haben sie diesen Abstand aber gefunden, können sie mit Zuversicht die nächste Frage stellen: Was hat das alles mit mir zu tun? Was bedeutet es für mich?

Triade 5-6-7

Die Angehörigen der Triade 5-6-7 müssen sich gerade von dieser distanzierten Haltung der Außenbeobachtung lösen und mit der *gefühlten* Erfahrung in Kontakt kommen. Sie müssen daran erinnert werden, dass sie einen Organismus haben, durch den die Gefühle fließen. Durch ihren Leib drücken sich ihre Gefühle aus. Deshalb müssen sie mehr achten und beachten als nur ihre Ideen und Konzepte, nämlich ebenso ihre Gefühle und Körperfunktionen. Wenn sie ihre Gefühle und deren Resonanz im Körper in ihr Bewusstsein lassen, können sie in den *felt sense* hineingezogen werden. Ein Schritt des Focusing besteht darin, den Körper zu fragen, was er empfindet. Dieser Schritt wird sie zu ihren Emotionen führen und ihnen helfen, das immense Informationsarsenal zuzulassen, das der gesamte Organismus bereithält. Anders als 8-9-1er haben sie keine Angst vor dem, was geschehen könnte, wenn sie mit ihrem Gefühlsleben in Berührung kommen. Wie 2-3-4er begrüßen auch sie die Informationen, die ihnen die Gefühle vermitteln.

Triade 2-3-4

Für 2-3-4er ist es wichtig, all das nach innen zu lassen, was Gegenstand des Fokus ist, sei es eine Situation, eine Beziehung, ein Problem oder eine Frage. Mitglieder dieser Triade müssen spüren und „schlucken", was sich gegenwärtig ereignet. Dazu müssen sie es imaginierend umkreisen oder, um ein anderes Bild zu verwenden, sie müssen es kauen und in die eigenen Eingeweide sinken lassen. Ein weiterer Schritt des Focusing lädt genau dazu ein. Er ist für diese Gruppe am wichtigsten. Nachdem sie eine Erfahrung in sich aufgenommen haben, müssen 2-3-4er abwarten, was geschieht, anstatt sofort zu re-agieren und etwas zu „machen". Es ist wichtig, dass sie geduldig diejenigen Gefühle zulassen, die jetzt da sind, denn in ihnen steckt die eigene Energie. Sie müssen Gendlins *felt sense* physisch erleben. Da sie mehr als andere auf Körperlichkeit gepolt sind, ist dies für sie der Königsweg zu echten Gefühlen. Vermutlich gehört Eugene Gendlin selbst in diese Triade und macht deshalb gerade den Körper zum Kanal, durch den der Mensch zum *felt sense* gelangt. Weshalb auch immer er die Funktion des Körpers hervorhebt – Gendlins Methode ist ein hervorragender Beitrag zur Selbstwahrnehmung, insbesondere für Menschen, die wenig oder keinen Kontakt zu den eigenen Gefühlen haben.

Zusammenfassend: Für 5-6-7er und 2-3-4er ist es von größerem Nutzen, die Erfahrung nah an sich heranzulassen und zu erspüren. Für 8-9-1er hingegen ist es wichtig, das, worauf sich ihr Fokus richtet, gerade nicht zu schlucken und sich einzuverleiben. Sie sind ohnehin bereits von Emotionen überwältigt und müssen diesen Zustand nicht noch weiter verschärfen, sondern das, worauf sich ihre Aufmerksamkeit richtet, nach außen verlagern. So entsteht der Abstand, der ihnen Perspektive und Handlungsfähigkeit ermöglicht.

Bilder und Symbole als Weg, das innere Leben zu nähren

Eugene Gendlins Technik erlaubt es, der eigenen inneren Wahrheit gewahr zu werden. Im Folgenden geht es darum, was darüber hinaus Bilder und Symbole bedeuten und worin ihre Botschaft für unser Leben besteht.

Triade 8-9-1

8-9-1er neigen zu analogem Denken: „Das hier gleicht etwas anderem!“ Mehr als andere Triaden reden sie in Bildern, zum Beispiel: „Ich bin gerade von einem Zehntonner überrollt worden“ oder „Ich fühle mich, als könnte ich abheben und fliegen.“ Obwohl die analoge und metaphorische Sprache für sie stimmig ist und sie häufig Vergleiche benutzen, werten sie die eigenen Bilder und Symbole oft umgehend ab. Zudem nutzen sie diesen Pfad häufig nicht wirklich, um sich selbst besser zu verstehen. Ja, sie merken womöglich nicht einmal, dass sie in Bildern und Symbolen sprechen, oder lassen die Chancen ungenutzt, die in dieser Angewohnheit liegt. Wenn sie aber ihren Bildern und Symbolen Aufmerksamkeit schenken, führt genau das zu jener Erkenntnis und Klarheit, die 8-9-1er auf ihrem spirituellen Weg suchen.

Was können Bilder und Symbolen 8-9-1ern geben? Die heftigen Gefühle, die sie zunächst als überwältigend und zersplitternd erlebt haben, können sich um etwas Spezifisches bündeln. 8-9-1er haben oft das Gefühl, dass viel mehr geschieht, als Worte allein auszudrücken vermögen, und dass sie nicht in der Lage sind, ihre Erfahrung geistig zu ordnen. Wenn sie jedoch ihren Bildern und Symbolen trauen und ihnen Aufmerksamkeit schenken, entsteht jenes Einfühlungsvermögen, das ihnen so oft abgeht. Ihre Bilderwelt ist zwar häufig visuell, kann aber ebenso akustisch, kinetisch, gestisch oder taktil sein. Sie bemerken etwas; um diese spezifische Sinneswahrnehmung herum lagert sich ein Gefühl an. Solange dieses Gefühl frei fließt, mag es amorph und gewaltig erscheinen, doch nun bekommt es Leitplanken. Um das Bild herum stellen sich Verknüpfungen ein, die gezieltes Handeln ermöglichen. Fragen werden gestellt, Einsichten entstehen. Das Bild kann nunmehr auf verschiedene Weisen „bearbeitet" werden.

Der fortwährende Kampf dieser Triade nach innen und außen, dieses ständige Hin- und Herspringen, wobei immer nur ein Aspekt beachtet wird und der andere ausgeschlossen wird, kommt endlich zur Ruhe. Das Bild umfasst etwas, was die ganze Persönlichkeit sammelt und einbezieht. Anders ausgedrückt: Das innere Erleben und die äußere Realität finden zueinander. So wird die Trennung von Innen und Außen ausgehebelt und das Ringen um eine adäquate Reaktion lässt nach. Der Sinn des Geschehens und die Gefühle werden von einem *einzigen* Bild oder Symbol gebündelt. Der Griff nach dürren Erklärungen, der die Gefühle ersetzt und den 8-9-1er gern mit Spiritualität verwechseln, entfällt. Für *jede* Triade ist das geistliche Leben notwendigerweise affektiv-emotional, weil Leben Energie bedeutet. Die Bioenergetiker haben gezeigt, dass es keine Energie ohne Emotion gibt. Speziell für Menschen der 8-9-1-Triade aber ist ein nicht-kognitiver Prozess des Umgangs mit Bildern und Symbolen wichtig. Es handelt sich dabei weder um nur mentale Kopfenergie noch um nur emotionale Herzaktivität noch um nur instinktgeleitete Bauchenergie. Es ist etwas Drittes, eine Antwort der ganzen Person. Menschen der Triade 8-9-1 müssen lernen (und sich mit der Tatsache anfreunden), dass Erkenntnis stets durch den Kanal der Gefühle hindurch muss.

Bestimmte wiederkehrende Bilder und Symbole sprechen 8-9-1er aufgrund ihrer Lebenssicht und ihrer spezifischen Bedürfnisse besonders an. Eines dieser Bilder ist das Segelboot, das von einem Steuerruder gelenkt wird. Die Mitglieder dieser Triade fürchten häufig, dass sie von ihrem Gefühlssturm fortgeweht werden, und müssen sich daran erinnern, dass sie die Kontrolle über das eigene Lebensschiff haben, symbolisiert von der eigenen Hand am Steuer. Je nachdem, wie gut sie das Ruder im Griff haben, nutzen sie die Windkraft oder widersetzen sich ihr. Sie sind eingeladen, sich auf den eigenen Lebensfluss einzulassen, anstatt gegen ihn anzukämpfen.

Ein weiteres Bild, das 8-9-1er als hilfreich beschreiben, zeigt sie am Ufer eines Gewässers stehend. Sie erleben, wie die Wellen anbranden – aber nur bis zu ihren Zehenspitzen. Sie werden von den Wellen weder nach unten gezogen noch ertränkt, obwohl die Flut immer näher kommt. Dieses Bild gibt ihnen Kraft, ein wenig zurückzuweichen, wenn große Wellen anrollen. Es erinnert sie daran, dass sie selbst bestimmen können und nicht Opfer der eigenen starken Gefühle sind. Wenn die eigenen Affekte übermächtig und überwältigend zu werden drohen, haben sie immer die Möglichkeit, sich ein wenig zurückzuziehen, um nicht unterzugehen. Angehörige dieser Triade müssen Selbstbeherrschung tatsächlich üben. Sie brauchen das Erleben eigener Stärke, damit sie sich nicht zum

Opfer ungeordneter Gefühle machen, die die Chance zerstören, den eigenen Lebensthemen bewusst Aufmerksamkeit zu schenken.

Triade 5-6-7

Den Mitgliedern dieser Triade erweisen Bilder und Symbole einen ganz anderen Dienst: Sie müssen aus der eigenen Innerlichkeit gelockt werden, damit die Innen- und Außenaspekte ihrer Lebenswirklichkeit ausbalanciert werden. Jedes Bild oder Symbol, das sie ins Außen zieht, ist wertvoll für sie. Manchmal ist Musik hilfreich, vor allem wenn sie selbst singen oder ein Instrument spielen. Das fördert ihre Ausdrucksfähigkeit und animiert zugleich die eigenen Emotionen. Als eine Gitarristin, die ich geistlich begleitete, ihre Exerzitien als trocken und leblos beschrieb, schlug ich ihr vor, anstatt der vorgegebenen Bibelabschnitte lieber einige Lieder als Gebetsgrundlage zu verwenden. Fortan sang und spielte sie. Dabei wurden ihre Exerzitien fruchtbarer, weil sie mit den eigenen Gefühlen in Kontakt kam und ihrer emotionalen Berührung Ausdruck verleihen konnte. Vielleicht ist es in dieser Triade noch wichtiger als in den anderen, buchstäblich mit offenen Augen zu beten. Während das für die anderen Triaden unter Umständen kontraproduktiv ist, kann es 5-6-7er davor bewahren, sich in der Komplexität der eigenen Mentalwelt zu verlieren und durch die eigenen inneren Irrgärten zu schweifen. Mit offenen Augen können sie sich auf etwas Konkretes und Externes ausrichten, anstatt Myriaden von Gedankensträngen zu verfolgen. Bilder und Symbole, die Mitglieder dieser Triade als hilfreichen Außenfokus bezeichnet haben, sind zum Beispiel eine brennende Kerze, ein Kruzifix, eine Ikone oder eine Blume. Alles, was ihnen mitteilt, dass sie selbst Teil der *Außenwelt* sind, kann sie davor bewahren, sich im Gestrüpp ihrer Hirnpfade zu verlieren.

Für Menschen der Triade 5-6-7 ist es ferner hilfreich, unterschiedliche Körperhaltungen zu erproben. Die Erinnerung daran, dass sie physisch, fleischgeworden und leiblich sind, reduziert die Überbewertung des Geistigen. In den meisten Fällen ist ihnen spontane oder kreative Bewegung zu Musik zu viel, zumindest zu Beginn ihres Weges. Im Allgemeinen sind Angehörige dieser Triade körperlich zu gehemmt, um sich in freier Bewegung auszudrücken. Der Vorschlag hingegen, eine bestimmte Körperhaltung einzunehmen und beizubehalten, bezieht zwar den Leib ein, macht ihn aber nicht zum Dauerthema der Gebetszeit.

Ein weiteres Symbol, das für 5-6-7er oft hilfreich ist, ist physisches Nacktsein. Das scheint mehrere Gründe zu haben. Zunächst einmal teilt es ihnen mit: „Ich habe einen Körper. Wenn ich ohne Kleider bin, ist mir mein Leib bewusster. Ich kann die Luft auf der Haut spüren, ich sehe mich selbst unverhüllt." Nacktheit steht auch für die Sehnsucht, erkannt zu werden. Es deckt das Versteckte auf und enthüllt die Privatperson – nicht nur für sich selbst, sondern auch für Gott. Nacktsein drückt ihren Wunsch aus, dass Gott sie ganz und gar kennt. Diese symbolische Handlung erinnert an die Worte des 139. Psalms, in dem Gott als der angesprochen wird, der überall ist und der alles weiß und erforscht. Nacktheit steht auch für Offenheit und Ungeschütztheit. Kleider können wie eine Waffenrüstung sein; sie schützen davor, erkannt zu werden, eindeutig zu sein, verwundet zu werden. Wenn Menschen die Kleider ausziehen, sind sie ungeschützt und lernen zu vertrauen.

Auch mit dem Gesicht auf dem Boden zu beten kann für 5-6-7er ein starkes körperliches Symbol sein. Mit nach oben geöffneten Händen auf den Oberschenkeln zu beten steht ebenfalls für eine Haltung der Offenheit und Bereitschaft, von Gott ergriffen zu werden. Anders als bei 8-9-1 steht in dieser Triade die Gefühlsfunktion nicht an erster Stelle. Dennoch ist sie die sekundäre bzw. Hilfsfunktion und deshalb auch für 5-6-7er durchaus zugänglich. (Die primäre und dominante, die sekundäre und helfende und die dritte und vergrabene Funktion in jeder der drei Triaden habe ich in meinen früheren Büchern ausführlich beschrieben.) Die Bewegung von der Wahrnehmung zum Gefühl kann schließlich zum Handeln führen, was 5-6-7er häufig vernachlässigen. Es ist die Welt des Handelns, zu der sie letztlich berufen sind, wenn es darum geht, den eigenen Erfahrungsspielraum zu erweitern und das Leben runder zu machen.

Langsames Gehen hilft ihnen ebenfalls, den Übergang von der inneren zur äußeren Aktivität zu vollziehen. Es drückt genau das aus, wozu sie die eigene Spiritualität ruft: Sie müssen zulassen, dass Gott sie auf ihrem Weg Schritt für Schritt voranführt. Das geistliche Leben ist ein Prozess. Es gibt, wie bereits erwähnt, keinen Schlüssel, der alles aufschließt, und keine Universalantwort, aber ein Voranschreiten Schritt für Schritt, Augenblick für Augenblick. Jeder dieser Momente enthält bereits alles Notwendige. Jeder kleine und langsame Schritt sagt ihnen, dass sie nicht fürchten müssen, verlassen zu werden und schutzlos, allein und fern von der Sicherheit der göttlichen Fürsorge zu sein. Es ist nicht Joggen, wie es 8-9-1er häufig zum Wachwerden brauchen oder 2-3-4er, um die Außenschicht ihrer Ängste und Sorgen anzukratzen. Es geht vielmehr um die Sicherheit, die sich einstellt, wenn man behutsam voranschreitet in eine oft bedrohliche Welt.

Triade 2-3-4

Wie zu erwarten, hat der Stellenwert von Bildern und Symbolen auch für 2-3-4er eine besondere Nuance. Angehörige dieser Triade finden es natürlich, dass sowohl das Handeln in der Außenwelt als auch andere Menschen sie zur inneren Gotteserfahrung führen. *David Steindl-Rast* spricht davon, wie wichtig es ist, *still* zu sein und zugleich *bewegt*. Ich gehe davon aus, dass dies für 2-3-4er besonders wichtig ist. Wegen ihrer ausgeprägten Unruhe ist Menschen dieser Triade totale Stille nicht ohne weiteres zugänglich, stille Bewegung hingegen durchaus. Eine bestimmte Art der körperlichen Aktivität steht für diese innere Erfahrung, sodass jemand, der zugleich still ist und sich still bewegt, mit jener inneren Mitte in Berührung kommen kann, in der die Einheit mit dem Göttlichen erfahrbar ist.

Graziös zu sein bedeutet begnadet zu sein (gratia = lateinisch Gnade), vom Geschenk der Gnade erfüllt. Wenn jemand erfüllt ist von diesem Gnadengeschenk, bewegt er sich graziös oder grazil. Dies ist für jeden Menschen ein Zeichen innerer Stimmigkeit und Sammlung. Deswegen kann diese graziöse Bewegtheit des Körpers das eine und manchmal einzige Zeichen sein, das 2-3-4er anspricht. Das kommt zum Beispiel beim *Hatha-Yoga* zum Tragen, bei der allmählichen Bewegung von einer Stellung („Asana") zu einer anderen. Für 2-3-4er ist die jeweilige Stellung selbst Symbol und Gebet. 8-9-1er äußern häufig, dass für sie diese Form von Yoga ein gutes „Vorspiel" zum Gebet ist. 2-3-4er hingegen würden eher sagen, dass Hatha-Yoga *selbst* eine hilfreiche Form des Betens ist. Unterschiede zwischen Stellung, Bewegung und Gebet sind für 2-3-4er vernachlässigbar. Für sie konstituiert bereits das Einnehmen der Haltung Gebet.

Angehörige der Triade 2-3-4 lassen sich gern auf Massage, schöpferische Bewegung oder bioenergetische Übungen ein. Sinn und Zweck dieser drei Arten der Körperarbeit ist für sie, an ihre Gefühle heranzukommen. Leisten diese Übungen das nicht, haben sie innerhalb dieser Triade keine Bedeutung für die Bewusstseinserweiterung. Schöpferische Bewegung, die als Vorführung endet, ist für die Menschen dieser Triade eine Versuchung, aber kein Gebet. Bewegung hingegen, die Trauer oder Freude ausdrückt – Trauer und Freude, die ausagiert werden – ist Gebet. Bioenergetik, die Menschen einlädt, Emotionen körperlich auszudrücken, ist eine weitere Erfahrung, die für 2-3-4er Gebet sein kann. Es ist bezeichnend, wie viele 2-3-4er irgendwann im Laufe ihres Lebens und im Laufe der Vertiefung ihrer Spiritualität auf Körperarbeit und speziell auf Massage stoßen. Nicht selten beginnen sie zu weinen, wenn sie beim Empfang einer Massage körperlich berührt werden. Physische Berührung und Zuwendung, die Bestätigung ihres Körpers, das Gefühl, umsorgt und wertgeschätzt zu werden, verhilft ihnen zu Selbstachtung und Selbstfürsorge. Die Tränen, die infolge dieses Prozesses fließen, ehren die eigene Person. Bei einem Workshop, den ich einmal geleitet habe, kam ans Licht, dass sich sämtliche anwesende 2-3-4er – eine Gruppe von über 100 Menschen – irgendwann in ihrem Leben einmal der Massage zugewandt hatten, um mit der eigenen Spiritualität und den Bewegungen im eigenen Inneren in Berührung zu kommen. Die Massage hat das Reifen ihres kontemplativen Lebens unterstützt.

Bewegungen, die die oberste Schicht ihrer emotionalen Unsicherheit gleichsam „abschaben", sind für 2-3-4er in Zeiten des Gebets ebenfalls hilfreich. Arbeit, die ihren Kopf wenig beansprucht, wie Hausputz oder irgendwelche Wartungsarbeiten, können sie dazu befreien, bei sich selbst zu sein. Beim Gehen zu beten ist ebenfalls befreiend. Selbst das Autofahren kann zur Gebetshilfe werden. Bei all diesen Tätigkeiten ist der Verstand frei, um seiner Wege zu gehen. Bei der Verrichtung nicht-anstrengender Arbeit verfolgen 2-3-4er nicht die *Absicht* zu beten. Gerade deshalb kann die innere Welt sich in solchen Zeiten auftun und sich von ihren überraschenden Seiten zeigen. Folglich beten 2-3-4er am besten, wenn sie gar nicht beabsichtigen zu beten.

Für 2-3-4er ist es häufig notwendig, die normale Lebens- und Arbeitsumgebung, die Menschen, Aufgaben und Erwartungen um sie herum zu verlassen, um fähig zu werden, sich inneren Zielen zu widmen. Zur Erinnerung: 2-3-4er fragen dauernd: „Wie komme ich an?" Ist jemand in der Nähe, der ihr Handeln beobachten oder beurteilen könnte, werden sie vom puren Da-Sein, also von der Kontemplation, abgelenkt. Der Philosoph *Sam Keen,* den ich in dieser Triade vermute, hat auf dem Grundstück seines Wohnhauses eine Einsiedelei errichtet, in der er sich regelmäßig eine Zeitlang aufhält. Und da ist natürlich *Thomas Merton,* der Mystiker und Trappistenmönch, eine VIER im Enneagramm, dessen Sehnsucht nach dem Einsiedlerleben Thema seines gesamten Lebens blieb. Menschen dieser Triade empfinden es schwierig, wenn andere in der Nähe sind, selbst wenn diese nicht direkt zuschauen. Sobald 2-3-4er spüren, dass andere in der Umgebung sind, kommt es zu einer subtilen Interaktion.

Besonders gut nähren sich 2-3-4er spirituell, indem sie sich die Freiheit nehmen, ab und zu genau das zu tun, worauf sie *wirklich* Lust haben. Was geschieht, wenn Menschen einfach das machen, wonach ihnen zumute ist? Zunächst einmal schenken sie sich selbst und ihrem Inneren Beachtung. Sie fragen sich, was in ihnen vor sich geht. Meist vernachlässigen sie das, weil sie so stark auf die Außenwelt und ihre Mitmenschen ausgerichtet sind. In solchen Freiräumen dagegen bringen sie sich selbst Wertschätzung entgegen, anstatt sich als Menschen zu definieren, die sich für die Bedürfnisse und Wünsche anderer aufreiben. Wenn sie danach fragen, worauf sie wirklich Lust haben, fragen sie zugleich, wo die eigene Energie wirklich ist und – indirekt – welche Gefühle sie wirklich durchleben. Diese Aktivität ist nötig, um sich selbst nahe zu kommen. Das Ergebnis ist deshalb eine Begegnung mit dem Selbst, dem eigenen Selbst und dem göttlichen Leben, das in ihnen wohnt. Dort finden sie Gott und von dort aus können sie sich auf den Weg machen, um Gott in anderen Menschen und in ihrer Mitwelt zu finden. Sie entfernen sich von der Situation, in der sie im Herstellen von Verbindungen zu anderen ihre Kräfte verbrauchen, zugunsten einer Präsenz, die Gemeinschaft und echte Verbundenheit mit anderen *ist.* Vermutlich brauchen 2-3-4er weniger Zeit für sich alleine als die Angehörigen der anderen Triaden. Sie bewegen sich sehr rasch von der Innenwelt zur Außenwelt. Das mag manchmal ein Automatismus sein, aber es gehört irgendwie auch natürlich zu dieser Triade. Durch den Geist, der in anderen Menschen lebt, suchen und finden sie sich – sobald und solange sie dabei selbst gesammelt bleiben.

Natur und Schöpfung als Weg, das innere Leben zu nähren

Die Natur übt auf alle Menschen eine besondere Wirkung aus. Dennoch erleben die unterschiedlichen Triaden auch die Natur unterschiedlich.

Triade 8-9-1

8-9-1er werden bei ihrer Suche nach einer Gesamtperspektive von der Natur unterstützt. Ich kenne eine Dame aus dieser Triade, die besonders gerne ein Poster mag, das unsere Galaxis darstellt; ein kleiner Punkt repräsentiert die Erde. Ein beschrifteter Pfeil weist auf diesen Punkt: „Du bist hier." Diese Haltung zur Schöpfung ist ganz wichtig für sie. Sie sieht sich selbst, ihre persönliche Existenz in diesem Moment des Daseins, aus dem Blickwinkel des Ganzen. Die Schöpfung ist eins und bekämpft sich nicht selbst, sondern folgt einem geheimnisvollen Ziel und Muster. Dieses Muster ist größer als ein individuelles Leben. 8-9-1er müssen ihr persönlich-individuelles Muster als etwas begreifen, was den großen Fluss der Schöpfung speist.

Aus dieser Perspektive heraus können sie auch das Ganze zusammenhalten, anstatt ständig zwischen drinnen und draußen, weltlich und heilig und all den anderen Polaritäten hin- und herzuspringen, wozu sie normalerweise neigen. Wenn sie einen Schritt zurücktreten, um das Gesamtpanorama zu sehen, werden sie daran erinnert, dass Gott der Schöpfer jener Präsenz ist, die das gesamte Universum umfängt und durchwirkt, einschließlich ihrer eigenen Existenz. Diese Wahrnehmung kann 8-9-1er zur Sammlung führen.

Überdies sagt die Natur Menschen dieser Triade, die so übermoralisch sind, das es keinen Grund gibt zu urteilen. Die Natur hat keine Moral. Sie *ist* einfach. Und indem sie ist, ist sie gut.

Triade 5-6-7

Bei 5-6-7ern spricht die Natur ein völlig anderes Grundbedürfnis an: Die Natur vermag es, Menschen in dieser Triade aus sich selbst herauszulocken in die Welt jenseits der eigenen verinnerlichten Konzepte. Für 5-6-7er ist es wichtig, die Außenwirklichkeit nicht nur anzublinzeln oder kurz von ihr zu naschen, sondern in ihren Formen, Farben, Klängen und Geschmacksnuancen geradezu zu schwelgen. Diese Triade muss die Natur wirklich anschauen, berühren, riechen und sogar schmecken. 5-6-7er müssen als Glieder und Teile der Natur mit ihr zusammenwirken. Ein bestimmter Aspekt der Natur spricht sie häufig besonders an: ihre Weite und Größe. Die Natur ist geordnet und hat einen Plan und legt so Zeugnis ab von einem planvollen Schöpfer. Die Weite des Ozeans, des Himmels und der Bergwelt spendet Trost. Der Mensch kann sich bei ihrem Anblick einerseits sehr klein vorkommen; zugleich aber kann er sich dabei auch gut aufgehoben fühlen in einem geordneten Ganzen, das uns nicht überwältigt, sondern klare Grenzen hat. Die Dinge sind da, wo sie hingehören. Alles in der Welt hat seinen Platz und es gibt Ihn, den Grenzenlosen, der dies alles entworfen hat und durchwirkt.

Triade 2-3-4

Für 2-3-4er scheint wieder ein anderer Aspekt der Natur wichtig zu sein: Die Natur fordert nicht, zu ihr in Wechselbeziehung zu treten, wie es Menschen tun. Man muss nicht auf sie zugehen oder sich um sie kümmern oder eine Verbindung herstellen. Keine Wolke muss Beziehung aufnehmen zu anderen Wolken. Und wir müssen nichts tun, als das Phänomen der Wolken einfach auf uns wirken zu lassen. Die Natur erwartet und verlangt nichts. Die Natur ist einfach da. Anstatt 2-3-4er aus sich herauszukatapultieren, führt sie diese Menschen paradoxerweise nach innen und zu sich selbst. Ein täglicher Spaziergang zum Beispiel sollte am besten so angelegt sein, dass man dabei möglichst keine Menschen trifft. Die Route sollte eher reizarm sein. Selbst der Anblick eines Tiers oder die Konfrontation mit einer möglichen „Aufgabe“ in der Natur kann 2-3-4er um jene Freiheit von Erwartungen bringen, sie ihnen so gut tut. Eine Dame aus dieser Triade ging einmal einen Pfad entlang und bemerkte ein Eichhörnchen, das sich mit einem riesigen Brotstück abrackerte. Sofort rief dieses bedürftige Tier die Helferin in ihr auf den Plan. Und vorbei war es mit der Reflexion! Normalerweise aber bietet die Natur 2-3-4ern einen Raum der Stille an, der ihnen erlaubt, ins eigene Innere zu blicken.

Erinnerung als Weg, das innere Leben zu nähren

Ein wesentlicher Teil des spirituellen Weges besteht darin, dass wir unsere eigene Lebensgeschichte weben. Es ist wichtig, die eigene Entwicklung achtsam zurückzuverfolgen. Deswegen sind das Erinnern selbst, die Weise des Erinnerns, die Dinge, an die wir uns erinnern, und die Frage, welche Erinnerungen unsere Transformation nähren, essenzielle Bestandteile unserer spirituellen Reifung.

Triade 8-9-1

8-9-1er tragen eine Menge von unverarbeitetem Gefühlswust aus der Vergangenheit mit sich herum. Sie bleiben in die Erlebnisse ihrer Geschichte verstrickt und verdrängen die starken früheren Emotionen, weil ihre Intensität so schrecklich ist. Sie stellen ihre Erinnerungen irgendwo ab. In Wahrheit aber schleppen sie diese Gefühle ungelebt, ungelöst und unverdaut mit in die Gegenwart. Wenn die Erinnerungsarbeit beginnt, entdecken sie das Kind, das einst vor langer Zeit gelebt hat. Dieses Kind ist unschuldig, verwundbar und sprüht vor

Leben und Begeisterung – ganz anders als der eingepanzerte und abwehrbereite Erwachsene, zu dem sie geworden sind. Aus Verwundbarkeit sind im Laufe der Jahre Zynismus, Langeweile und Erstarrung geworden.

Erinnerungsarbeit und Tagebucharbeit gehören eng zusammen. Denn im Tagebuch erzählen wir uns selbst die eigene Geschichte und schreiben so die eigene Autobiografie. Wenn 8-9-1er Tagebuch schreiben, drücken sie ihr Inneres aus. Sie *äußern* das *Innere.* Während sie schreiben, führen sie Innen und Außen zusammen; das ist für sie besonders wichtig! 8-9-1er leben in der Abfolge von unverbundenen Momenten. Deswegen müssen sie solche Verbindungen wirklich herstellen, indem sie tatsächlich festhalten, was mit ihnen vor sich gegangen ist – vor langer Zeit, als sie Kinder waren, und vor kurzer Zeit, zum Beispiel gestern. Es tut ihnen gut, im Tagebuch das „Was" niederzuschreiben, ihre tatsächlichen Widerfahrnisse von Tag zu Tag. So erinnern sie sich daran, was wirklich geschehen ist. Wenn sie diese Fakten Revue passieren lassen, finden sie häufig heraus, weshalb sie fühlen, was sie zum gegenwärtigen Zeitpunkt fühlen. Sie ziehen eine Bilanz der Erfahrungen, die zum jetzigen Zustand geführt haben, und verstehen das Ganze dadurch besser. Wenn sie sich momentan zum Beispiel wütend fühlen oder sich und andere ablehnen, hilft ihnen dies manchmal, vergangene Ereignisse anzusehen und so herauszufinden, wie oft sie schon frustrierende Situationen wie diese erlebt haben. So können sie auch begreifen, weshalb sie auf das, was gerade geschieht, so überstark reagieren. Ohne solches Erinnern wird 8-9-1ern häufig nicht klar, weshalb ein Gefühl gerade jetzt so geballt auftritt. Nur so ist es möglich, ihre heftigen Reaktionen zu verstehen oder zu erklären.

Auch Bilder und andere grafische Darstellungen sind für 8-9-1er wichtig. Weiter oben war bereits die Rede davon, wie Bilder und Symbole ihre Emotionen bündeln und ihnen eine Richtung geben können. Deswegen kann für die Erinnerungsarbeit dieser Triade auch ein Tagebuch hilfreich sein, das aus Bildern und Grafiken besteht, die oft mehr einzufangen vermögen als bloße Worte. Ein Mann aus dieser Triade erzählte mir, dass es in seinem Tagebuch keine Wörter gibt. Er würde, sagte er, 50 Textseiten brauchen, um seinen Zustand mit Worten zu beschreiben. Dazu hatte er weder Zeit noch Lust. Stattdessen zeichnete er Bilder, bei denen jeder Strich eine Bedeutung hatte und jede gewählte Farbe. Dieses Medium und seine Struktur drückten aus, was er fühlte, ebenso natürlich auch das inhaltliche Thema der Zeichnung.

Ich hatte die Gelegenheit, eine Dame aus dieser Triade seelsorgerlich zu begleiten, die sich außerstande sah, ihre Gefühle zu benennen. Ich schlug ihr vor, sich jeweils am Ende des Tages ein leeres Blatt Papier vorzunehmen, beliebige Farbstifte aus der Schachtel zu holen, die vor ihr stand, und ohne konkrete Absicht einfach drauf los zu zeichnen. Zunächst sah sie in diesem Vorgehen keinen Sinn – und auch nicht in den Zeichnungen, die dabei entstanden. Aber sie tat wie geheißen. Im Lauf der Zeit jedoch entdeckte sie in den Gestalten, die sie zu Papier brachte, immer mehr: wie sie sich weiterentwickelten, wie sich die Farben allmählich veränderten und ineinander übergingen. Ihr wurde bewusst, wie sich bestimmte Themen herauskristallisierten. Und nach und nach fand sie Worte dafür: „Ich merke, wie ich mich langsam auf einen Ort der Hoffnung zu bewege. Das sagen mir die Grün- und Gelbtöne. Ich verlasse die Dunkelheit mehr und mehr." Oder sie sagte: „Die übergewichtigen Gestalten werden leichter. Sie scheinen nicht mehr so beladen zu sein wie früher." Wir nahmen diese Bilder als Gesprächsgrundlage. Und schließlich war sie in der Lage, ihre Gefühle und ihren inneren Zustand auch sprachlich klar zu artikulieren.

Triade 5-6-7

Die Angehörigen dieser Triade neigen dazu, die eigene Geschichte zu vergessen. Sie haben den Eindruck, andere hielten sie für unwichtig, und diese Projektion übernehmen sie. Während sie die eigenen *Ideen* wertschätzen, betrachten sie die eigene *Geschichte* als wenig wertvoll und schenken ihr deswegen keine Beachtung. Es ist deshalb gerade für diese Triade entscheidend, sich gleichsam selbst die eigene Lebensgeschichte zu erzählen. In dieser Triade ist die Niederschrift der eigenen Biografie vermutlich noch wichtiger als in den anderen beiden. Dabei müssen 5-6-7er aber nicht nur die faktischen Ereignisse aufzählen und die Umstände und Menschen, die in ihr Leben getreten sind und es wieder verlassen haben. Sie müssen vor allem den eigenen Gefühlen nachgehen. Damit sie die eigene Geschichte wirklich spüren können, müssen sie mit diesem Teil ihrer selbst in Kontakt treten. Das englische Wort für „erinnern" heißt *to remember.* Es bedeutet, unverbundene Glieder einer Kette – in diesem Fall die Partikel unseres Lebens – zusammenzufügen, anstatt sie nur wachzurufen. Wenn wir Erinnerungen nur ins Gedächtnis rufen, dann sprechen wir sie kurz aus und lassen sie anschließend wieder hinter uns. Wenn wir uns im Sinne des englischen *to remember* erinnern, wird die Vergangenheit wieder Teil von uns und verschmilzt mit der Gesamtheit unseres Lebens. Das geschieht, wenn die bloße Auflistung des Vergangenen mit Gefühlen angereichert wird.

Für 5-6-7er ist es wichtig, Rückschau zu halten, die Triumphe des eigenen Lebens zu bejubeln und so die eigene Geschichte zu feiern. Ebenso wertvoll ist es, das Traurige zu beweinen, all die Toten und Verluste. Wenn sie das tun, stoßen sie wieder auf das verängstigte Kind, das sich nach Geborgenheit sehnt, gesehen werden will und Schutz braucht. Tagebuchschreiben ist für 5-6-7er ein vorzüglicher Weg, um die eigene Erfahrung zu würdigen und dabei nicht nur auf das Vollendete zu blicken, sondern vor allem auf das, was noch nicht abgeschlossen ist und weiterwirkt. *Rainer Maria Rilke* spricht in seinem „Brief an einen jungen Dichter" von der Notwendigkeit, mit dem Ungelösten im eigenen Herzen geduldig umzugehen – im Wissen, dass der Lebensprozess Tag für Tag und Schritt für Schritt weitergeht und dass das Leben allein mit dem Kopf niemals „auf die Reihe" gebracht werden kann.

Für 2-3-4er hat die Erinnerung einen anderen Stellenwert. Menschen dieser Triade neigen dazu, die eigene Vergangenheit einzufärben. Sie verlieren sich gern in all den wundervollen, romantischen, beglückenden und angenehmen Erlebnissen der *guten* alten Zeit. Oder sie tun das Gegenteil – wenn das ihrer Lebensgeschichte besser dient – und erinnern sich an all das Böse, als sie unterdrückte und arme Opfer waren in der *schlechten* alten Zeit. Beide Arten, die Vergangenheit einzufärben, stellen eine Übertreibung des tatsächlich Erlebten dar, positiv oder negativ. Die Rückkehr in die Vergangenheit kann zur puren Fiktion werden. Weil sich 2-3-4er ohnehin schwer tun, in der Gegenwart zu bleiben, besteht für sie vermutlich die beste Art der Erinnerungsarbeit darin, die Erinnerung von der Gegenwart her aufzurollen. Sie müssen im Hier und Jetzt verharren und wahrnehmen, was ihr Körper sagt. Durch den Körper bekommen sie Zugang zu den Gefühlen im konkreten Augenblick. Von dieser Wahrnehmung her können sie nachspüren, wann und wo in ihrer Lebensgeschichte sie ebenso gefühlt haben. Was in der Vergangenheit erinnert sie an das, was sie jetzt spüren? So lernen sie ihr inneres Kind kennen, das oftmals verängstigt ist und versucht, sich anzupassen oder zu gefallen oder pflegeleicht zu sein, um die Konflikte im eigenen Umfeld zu verringern.

Beispiel für diese Dynamik ist eine Dame im Team eines spirituellen Programms, die mit zwei intellektuell hochversierten Kolleginnen zusammengearbeitet hat und mit ihnen in eine theologische Debatte geriet. Im Gespräch spürte sie, wie sie sich innerlich zurückzog und immer mutloser und deprimierter wurde. Nach dieser Zusammenkunft sagte sie sich, sie müsse ihre Stellung aufgeben. Sie sei nicht intelligent und gebildet genug, um den anderen beiden das Wasser reichen zu können. Auf der Heimfahrt im Auto erinnerte sie sich plötzlich, was sie als mit Abstand jüngstes Kind in ihrer Familie erlebt hatte. Sie dachte daran, wie sie einmal versucht hatte, mit ihrem ältesten Bruder und der großen Schwester, jungen Erwachsenen, ein Gespräch zu führen. Es ging um Gott und die Welt. Während sie redete, sah sie, wie die beiden anderen verstohlen amüsierte Blicke austauschten. Da merkte sie, dass ihre Gesprächsbeiträge nicht nur daneben lagen, sondern dass sie blödsinnig und komisch waren. Sie gehörte nicht dazu, so sehr sie das auch wollte; sie war nichts als ein kleines Mädchen. Damals fühlte sie sich so verwirrt und verlegen, dass sie auf der Stelle davonlief. Dann erinnerte sie sich an das soeben geführte Gespräch mit ihren Kolleginnen. Ihr fiel auf, dass sie während des Gedankenaustauschs zu den beiden aufgeschaut hatte, als sei sie ein Kind und als seien sie die Erwachsenen. Als sie am folgenden Tag wieder mit den beiden zusammen war, konnte sie einerseits ihrem frühkindlichen Erleben nachspüren, zugleich aber war ihr bewusst, dass sie jetzt eine erwachsene Frau ist. Sie fühlte sich imstande, zu spirituellen Fragen selbständig und schlüssig Stellung zu nehmen, wenn auch ganz anders als ihre Kolleginnen. Sie konnte ihnen auf Augenhöhe begegnen. Hätte sie das kleine Mädchen nicht in ihre Erinnerung gelassen und all die Gefühle von Peinlichkeit und Isolation, dann hätte sie die extremen Gefühle des Vortags nicht verstanden, dieses Kleinsein und den Wunsch zu fliehen. Die Erinnerung an ihr Erlebnis in der Kindheit und an die damit verbundenen Gefühle war die Brücke zu denselben Gefühlen in der Gegenwart.

Wenn Angehörige der Triade 2-3-4 Tagebuch führen, dann finden sie häufig endlich den eigenen Ort. Sobald sie Stift und Buch zur Hand nehmen, kommen sie zu sich selbst. Das gilt vermutlich auch für Angehörige anderer Triaden. Aber es trifft vor allem auf 2-3-4er zu, die häufig nur mit den eigenen Gefühlen in Kontakt kommen können, indem sie sie aufschreiben. Menschen dieser Triade müssen sich besonders vor einem allzu hübschen und ordentlichen Tagebuch mit ansprechenden Bildern und Schönschrift hüten. Das Tagebuch dieser Menschen wird vermutlich geschunden aussehen, wenn sie wirklich auf die eigenen Gefühle einschließlich ihrer tief vergrabenen Wut gestoßen sind.

Ein gutes Tagebuch für sie wird unprätentiös sein und vermutlich eher aus losen Blättern oder einem Ringbuch bestehen, sodass es möglich ist, Seiten herauszureißen und wegzuwerfen. Die peinlichsten und emotionalsten Passagen können auf diese Weise ohne Umstände entfernt und entsorgt werden. Für 2-3-4er ist es nicht wichtig, das Geschriebene nochmals zu lesen. Sie haben ohnehin eine Art Panoramasicht auf Vergangenheit, Gegenwart und Zukunft (an der Gegenwart bleiben sie selten hängen). Sie müssen das Geschriebene nicht aufbewahren, um für Kontinuität zu sorgen. Viel wichtiger ist es, *hier und jetzt* zu spüren und zu leben. Ein unzensiertes Tagebuch, in dem kein Gedanke daran verschwendet wird, was andere denken könnten, kann diese Freiheit schenken. Es kann den Raum bieten, etwas hinzuschmieren oder mit dem Stift das Papier zu traktieren, wenn Wut und Scham, Angst und Trauer, Frustration – oder Leidenschaft und Ekstase hochkommen. Anschließend können diese Seiten in den Orkus wandern.

Traumarbeit als Weg, das innere Leben zu fördern

Viele Menschen erleben den bewussten Umgang mit Träumen als wichtiges Werkzeug für die spirituelle Reifung. Ein Grund dafür besteht darin, dass wir unsere Traumbilder- und Symbole nicht selbst wählen. Sie wählen vielmehr uns. Sie steigen aus unserem Unbewussten auf und entziehen sich weitgehend unserer Kontrolle. Dabei sind sie sehr persönlich und spezifisch für uns.

Meine eigene Traumtheorie passt vorzüglich zum Enneagramm. Ich wende sie auf meine eigenen Träume an und wenn ich andere Menschen bei der Traumarbeit begleite. Sie baut auf der allgemein anerkannten These auf, dass wir von dem träumen, was uns im Wachzustand nicht bewusst ist. Im Wachzustand haben wir Zugang zu unserem Bewusstsein. Der spirituelle Pfad lädt uns darüber hinaus gehend ein, uns immer tiefer zu verstehen – auch „unterhalb" jener Spitze des Eisbergs, die wir kennen. Unser Unterbewusstes nutzt neben anderen Mitteln unsere Träume, um uns im Schlaf mehr von dem zu offenbaren, was uns im Wachzustand entgeht.

Ein Traum ist eine Art Fotonegativ unseres bewussten Lebens. Die Dinge, die uns im Wachen bewusst sind, sind gleichsam die hellen Stellen auf der Fotografie unseres wachen Lebens. Im Schlafzustand sind sie dunkel. Wir müssen ihnen nicht viel Beachtung schenken, weil wir sie ohnehin kennen. Umgekehrt treten die dunklen Seiten der Fotografie unseres bewussten Lebens auf dem Negativ, das heißt im Traum, leuchtend hervor. Über diese Gebiete müssen wir mehr erfahren, damit sich die bewusste Wahrnehmung unserer selbst und unseres Lebenswegs erweitern kann. Daraus müsste folgen, dass das, was uns innerhalb unserer eigenen Enneagrammtriade am wenigsten zugänglich ist, in unseren Träumen besonders hervorgehoben wird. Im Traum müssen wir uns mit den Dingen befassen, denen wir im Wachzustand die geringste Aufmerksamkeit schenken. Was tagsüber im Dunkel des Bewusstseins liegt, erstrahlt, wenn wir schlafen. Deswegen müssen wir die Aufmerksamkeit auf die hellen und klaren Bereiche unserer Träume lenken. Sie bieten uns neue Informationen an, die unserer Reifung dienen. Ich wende diese Theorie im Folgenden auf die drei Triaden an.

Triade 8-9-1

Menschen der Triade 8-9-1 haben den geringsten Zugang zu intuitiver Wahrnehmung. Die Wahrnehmungsfunktion ist in der Lage, zwischen unterschiedlichen Konzepten und Bewusstseinsinhalten Verknüpfungen herzustellen. Deshalb müssen 8-9-1er diesen Verknüpfungen und diesen Aspekten der Traumbilderwelt gesteigerte Beachtung schenken. *Fritz Perls* und andere Begründer der Gestalttherapie gehörten vermutlich zu dieser Triade. Ihre Techniken der Traumarbeit haben es mit Assoziationen, vertiefter Wahrnehmung und den Beziehungen zwischen den getrennten Teilen eines Traums zu tun. Ihr Ansatz der Traumarbeit richtet sich auf die Wahrnehmung von Verbindungen. Hier ist nicht der Ort, um die Gestaltmethoden eingehend darzustellen. Nur soviel: Der Gestaltansatz der Traumarbeit scheint insbesondere für 8-9-1er erhellender zu sein als andere Ansätze. Die Träumenden schreiben zunächst ihre Traumgeschichte im Präsens auf. Dann wenden sie sich nacheinander den einzelnen Teilen der Geschichte zu und stellen Assoziationen her. Das ist möglich, indem sie sich mit jedem Einzelbild identifizieren, Assoziationen kommen lassen, gleichsam selbst dieses Bild werden, und schließlich in der Ichform als dieses Bild sprechen. Das hilft den Träumenden, einen Zugang zum Zusammenwirken und zur Verknüpfung der Einzelteile zu finden.

Ich träume beispielsweise, dass ich ein Messer zur Hand nehme und einen Apfel schäle. Dann kann es hilfreich sein, mich mit dem Apfel zu identifizieren, zum Apfel zu werden, als Apfel zu reden und als Apfel das Messer anzusprechen. Anschließend kann ich mich mit dem Messer identifizieren und dieselbe Prozedur wiederholen. Bei dieser Vorgehensweise, die Teil der Gestaltmethode ist, beginnen die unterschiedlichen Traumbilder und -symbole sich zu verknüpfen. Ich sehe die Beziehungen zwischen den einzelnen Traumaspekten immer deutlicher – bis ich das Gesamtbild vor Augen habe, das alle Aspekte in sich bündelt.

Triade 5-6-7

Menschen der Triade 5-6-7 haben am wenigsten Zugang zum Handeln, zur Aktivitätsfunktion. Dies ist im Wachzustand der dunkelste Teil ihres Bewusstseins und der Theorie zufolge das, was das Unbewusste hervorheben sollte, wenn sie schlafen. Bei der Traumarbeit dieser Triade sollten besonders die auftauchenden Handlungen und Entscheidungen beachtet werden, einschließlich der Frage, ob im Traum Entscheidungen gefällt wurden oder nicht: „Habe ich in diesem Traum gehandelt oder nicht? Was habe ich getan? Wie habe ich mich entschieden?“ Diese Fragen sind für 5-6-7er hilfreich und zielführend. Zumindest am Anfang kann auch ein Blick auf die Traumgeschichte selbst erhellend sein. Dabei sollten der Einstieg, die Mitte, der Wendepunkt und der Abschluss eines Traumes betrachtet werden. In dieser Triade erweist es sich häufig als hilfreich, die Gesamtbewegung und den Prozess zu betrachten, den der Traum und der Träumer/die Träumerin durchlaufen.

Der Analytiker *Robert Johnson* aus der Schule C. G. Jungs beschreibt zahlreiche sinnvolle Arten, mit Träumen umzugehen. Unter anderem schlägt er vor, nach dem Erwachen mit den Träumen buchstäblich etwas zu tun. Er erzählt einen eigenen Traum, der in einem bestimmten Gebäudeblock in seiner Stadt spielte. Im Anschluss an die Traumarbeit ging er an genau diese Stelle und umrundete den Block. Diese Methode berührt die Körper- und Handlungsfunktion der Triade 5-6-7 und dient dazu, die Träumenden aus der reinen Innerlichkeit zu holen und zur konkreten Umsetzung des Geträumten zu ermutigen. Dieser Ratschlag ist für andere Triaden vermutlich weniger sinnvoll, insbesondere nicht für die 2-3-4er. 2-3-4er sollten lieber bei den Gefühlsinhalten des Traumes verweilen, anstatt aufzustehen und etwas damit zu tun. Sie stehen sonst in der Gefahr, einmal mehr in die eigene Falle zu tappen.

Triade 2-3-4

Die Gefühlsfunktion von Menschen der Triade 2-3-4 ist vergraben. Deswegen ist für sie das Nacherzählen der Traumhandlung vermutlich nicht besonders wichtig. Am sinnvollsten für sie dürfte es sein, Gefühle und Emotionen zu beachten. Es mag zwar angebracht sein, auch die Geschichte des Traums zu skizzieren, um sie im Gedächtnis zu behalten. Das macht man am besten so, indem man die Traumereignisse kommen lässt und den sie umgebenden Gefühlen Aufmerksamkeit schenkt und indem man sich fragt, ob sich die Gefühle im Laufe der Geschichte verändern. Menschen dieser Triade tut es gut, sich bei der Traumarbeit eher auf die Geschichte der Gefühle zu konzentrieren als auf die Geschichte der Ereignisse. Am Ende könnte eine Art Gefühlsresümee in der Gegenwartsform stehen. 2-3-4er könnten zum Beispiel neben die Zusammenfassung eines Traumes, in dem sie im Gefängnis waren, die Gefühle aussprechen, die der Traum hervorgerufen hat: „Ich fühle mich eingesperrt, frustriert, festgehalten, verängstigt, obwohl ich spüre, dass ich irgendwie und eines Tages aus diesem Zustand befreit werde."

Für 2-3-4er ist es auch besonders hilfreich, den Gefühlen Beachtung zu schenken, die sie beim Aufwachen haben. Sind sie energiegeladen, deprimiert, entmutigt, ängstlich, belastet, erregt, verwirrt? Welches Gefühl auch immer beim Erwachen vorherrschen mag – dieser Augenblick kann ein wichtiger Schlüssel zu dem sein, was das Unbewusste offenbaren möchte, unabhängig davon, ob man sich an die Träume der Nacht erinnert oder nicht.

Gemeinschaftsgebet als Weg, das innere Leben zu nähren

Gemeinsames Gebet ist ein Aspekt der spirituellen Reifung, mit dem wir fast alle auf die eine oder andere Weise zu tun haben. Schließlich sind wir soziale Wesen, die kein isoliertes Inseldasein führen. Die meisten von uns beten zumindest gelegentlich mit anderen und viele nehmen regelmäßig an irgendeiner von Liturgie teil. Das gemeinsame Beten und seine Auswirkung auf die Betenden als Individuen sind selten Thema bei Gesprächen über Spiritualität. Deswegen möchte ich an dieser Stelle einige Gedanken über den Wert des gemeinsamen Gebets für die unterschiedlichen Triaden und die jeweils besonders hilfreichen Aspekte dieser Gebetsform äußern. Es handelt sich um Gedankensamen zu einem Gegenstand, der noch nicht in der Tiefe erforscht ist. Auch hier zeigt sich das Enneagramm als eine Theorie, die sich durch Erfahrungsaustausch ständig weiterentwickelt. Insbesondere die Bedeutung des Gemeinschaftsgebets für die verschiedenen Triaden ist bisher nicht hinreichend entfaltet worden und es ist nötig, weitere Informationen zusammenzutragen. Die persönliche Weisheit vieler ist gefragt, damit die folgenden Bemerkungen noch konkreter werden können.

Triade 8-9-1

Während des Gemeinschaftsgebets erleben 8-9-1er anscheinend häufig Langeweile oder eine Art Schwere. Deshalb haben sie manchmal einen inneren Widerstand gegen den Besuch von Gebetstreffen. Ein Grund dafür ist nach Aussage einiger 8-9-1er die Tatsache, dass dort kaum Bilder und Symbole Verwendung finden oder dass sie oberflächlich präsentiert werden. Folglich gibt es nichts, was ihre Gefühle anspricht oder bewegt und sie anzieht. Ein anderer Grund für ihre Abneigung ist das genau entgegengesetzte Problem, wenn nämlich Bilder und Symbole überstrapaziert werden, sodass die Teilnehmer aus dieser Triade in eine emotionale Achterbahn geraten, die sie von Gefühl zu Gefühl puscht. Ein verwandtes Thema tut sich auf, wenn die Gefühle, die beim gemeinsamen Gebet stimuliert werden, der persönlichen Gefühlslage des 8-9-1ers widersprechen. 8-9-1er können darauf aktiv oder passiv aggressiv reagieren, je nachdem, zu welchem der drei Muster in der Triade sie gehören. Die passive Aggression kommt vermutlich häufiger vor als die aktive. Menschen dieser Triade mögen es nicht gerne, öffentlich gegen eine Gebetserfahrung zu protestieren. Eher verweigern sie liturgische Anweisungen, etwa zu stehen, zu sitzen oder bestimmte Gesten mitzumachen, oder sie passen sich beim Reden und Singen nicht dem Gruppentempo an. Das ist eine Möglichkeit, wie 8-9-1er ihr Missvergnügen an der Gebetserfahrung kundtun. Die ultimative Passivität besteht natürlich darin, sich vom Gemeinschaftsgebet gänzlich fernzuhalten, weil man es als unbefriedigend empfindet.

Manchmal erscheinen 8-9-1er von vorneherein mit einer zynischen Haltung zum Gebet. Aber selbst wenn sie in dieser Stimmung ankommen, kann es geschehen, dass sie plötzlich von einem Symbol gepackt werden und so ins Gebet finden. Diese Reaktion ähnelt der Art und Weise, wie Menschen dieser Triade generell mit der Bild- und Symbolwelt umgehen. Sie schenken den eigenen inneren Bildern kaum Aufmerksamkeit, übersehen und verachten sie. Dennoch werden sie bisweilen ausgerechnet durch Bilder und Symbole zu profunden Erfahrungen geführt, wenn sie einmal nicht „auf der Hut" sind.

Angehörige dieser Triade finden es häufig hilfreich, wenn das gemeinsame Gebet einen thematisch roten Faden hat. Wenn Lieder, Lesungen und Handlungen alle dieselbe Art von Energie ausdrücken, werden sie emotional berührt. Werden sie von dieser Energie gefangen genommen, können sie der Gebetszeit leichter und konzentriert folgen. Wenn sie von der affektiven Energie des Gebets berührt werden, geben 8-9-1er jene Barrieren auf, die sie von sich selbst und von ihren Mitbetern trennen, und stoßen zur Einheit der Schöpfung vor. Dann öffnen sie sich dem gemeinsamen Gebet und erkennen die *eine* Stimme, das *eine* Herz, den *einen* Sinn.

Anscheinend geht es mit dem gemeinsamen Beten für 8-9-1er auf und ab: Manchmal nehmen sie verbindlich teil, zu anderen Zeiten hingegen bleiben sie eine Weile demonstrativ fern. In dieser Beziehung wie auch in anderen Lebensbereichen zeigt sich der Pendelausschlag zwischen Treue und Gleichgültigkeit. Selbst wenn sie sich verbal eindeutig festlegen, demonstriert ihr Verhalten mit seinem Auf und Ab, seinem Da-Sein und Weg-Sein, die eigentliche Wirklichkeit. Für 8-9-1er wird das Gebet dann fruchtbar, wenn sie ausgestreckte Hände und liebevolle Aufmerksamkeit erleben. Nach all der Mühe des Zusammenlebens und nach all den Reibungsverlusten kann die Gemeinschaft mit der Gruppe beim Gebet etwas sein, woraus sie Kraft schöpfen können. Diese Menschen können sich von

Kampf und Streit zu Offenheit und zu der Bereitschaft hinbewegen, die Gabe und Gnade der Liebe und Einheit zu empfangen wie erfrischenden Regen von oben.

Triade 5-6-7

Auch im Blick auf das Gemeinschaftsgebet begegnet uns wieder das Thema, dass Menschen der 5-6-7-Triade sich unwichtig fühlen und meinen, kaum zu zählen. Sie glauben, niemand würde sie vermissen, wenn sie nicht da sind. Ihre Gegenwart erscheint ohne Belang. Andererseits empfinden sie ihr Erscheinen manchmal als eine Art Pflicht. Wenn die Regel oder das Gesetz es vorschreibt, dass sich die Gruppe versammeln soll, dann halten sie das für notwendig und gehen davon aus, dass die Autorität oder die Leitung ihre Anwesenheit erwartet. Das kann manchmal dazu führen, dass sie pharisäerhaft darüber wachen, wer das tut, was man tun soll, und wer nicht. Sie selbst sind gekommen und haben ihre Pflicht erfüllt. Wo sind die anderen und weshalb fehlen sie? Für Menschen der Triade 5-6-7 ist es wichtig, Treue nicht mit Pflichterfüllung zu verwechseln. Es ist wichtiger, sich selbst und den anderen Treue zu bewahren, als mit grimmigem Blick und knirschenden Zähnen Befehle auszuführen. Das gemeinsame Gebet ruft sie zum Vertrauen zu anderen und zu Gott. Das Symbol der versammelten Gemeinschaft steht für das gegenseitige Vertrauen dieser Triade und für ihre Einheit in der Treue zum Göttlichen.

Fürbitten sind für 5-6-7er besonders wichtig. Sie führen sie aus ihrem eigenen Kopfdenken heraus und helfen ihnen, sich auszudrücken. Als Fürbittende sehen sie, was sie und andere brauchen, bitten darum und sorgen dafür. Auch das ist wieder eine dialogische Gebetsweise. Der Ort des Gebets mit den dazugehörigen Gegenständen, Ritualen, Gewändern und Worten ist Ausdruck ihres Innenlebens. Indem sie das Gebet gemeinsam laut aussprechen, lernen sie, mit anderen in der Außenwelt zu sein, außerhalb jener Privatsphäre, wo sie in der Regel Gott begegnen. Der liturgische Ort mit seinen Symbolen ruft sie dazu auf, Gott unter ihren Mitmenschen zu begegnen. So können sie lernen, Gott in der Gemeinschaft ebenso zu begegnen wie im stillen Kämmerlein.

Die Eucharistie bzw. das Abendmahl, ein weiterer Teil der Liturgie, der Verzehr des göttlichen Leibes und Blutes, ist für 5-6-7er häufig besonders wichtig. Jesus hat gesagt: „Nehmt und esst! Das ist mein Leib.“ Durch dieses Gebet wird die Gebetsgemeinschaft zu mehr als einer Beziehung zu Gott, dem *Anderen*. Die Abendmahlsgäste werden vielmehr von Gott gleichsam assimiliert. In der Eucharistie nehmen sie nicht nur Gottes Wort auf. Für 5-6-7er ist es entscheidend, dass sie selbst Anteil haben an diesem Wort, wenn sie und Gott eins werden. Diese Unterscheidung ist für 5-6-7er deshalb wichtig, weil sie dazu neigen, das Leben zu kauen, es aufzusaugen und zu schlucken. In der Eucharistie sind sie nicht nur Nehmende, sondern sie *werden* genommen, verändert und erneuert. Das Göttliche nimmt sie in Beschlag und holt sie aus der Isolation heraus in die Einheit.

Triade 2-3-4

Für 2-3-4er ist der Leib Christi, den sie im Hier und Jetzt einer Gebetsversammlung spüren, der entscheidende Aspekt der Abendmahlsfeier. Alle sind eins im Geist Jesu Christi. Der Heilige Geist ist unter den Versammelten lebendig in all den anwesenden individuellen Geistern. Gebetsgemeinschaft ist für Menschen dieser Triade die Versammlung Gottes, der hier und jetzt anwesend ist, weil hier und jetzt Menschen anwesend sind. In der Präsenz aller ist Gott präsent. 2-3-4er schenken oft dem Ablauf der Liturgie selbst nur wenig Beachtung. Das gilt auch für andere Formen der Gebetsgemeinschaft. Häufig verlassen sie den Ort der Versammlung ohne Reflexionen, Gedanken oder Gefühlsbewegungen. Dennoch ist das gemeinsame Gebet für sie nicht nur ein Ritual. Es ist ein Symbol. Die Versammlung selbst ist es, die für sie wichtig ist. Was man im Beisammensein tut, ist weniger wichtig als die Tatsache, *dass* man beisammen ist. 2-3-4er haben in der Regel einen Blick für jede anwesende Einzelperson und erleben ihre eigene Anwesenheit in der Gebetsgemeinschaft als Stärkung. In Gruppensituationen beschäftigen sich Menschen dieser Triade häufig mit der Befindlichkeit anderer Gruppenmitglieder und mit der Qualität ihrer Beziehungen. Die Gebetstreffen tragen den Geist Jesu in diese Bewegtheit hinein.

Ein weiterer Teil des gemeinsamen Gebets, der 2-3-4ern wichtig ist, ist die Verteilung der vielfältigen Rollen, die zum jeweiligen Ritual gehören. Wer entzündet die Kerzen? Wer trägt die Lesungen vor? Wer ist bei der Prozession dabei? Jede Person hat in dieser Gemeinschaft einen angemessenen Platz. Alle haben eine Aufgabe, eine Funktion, eine Rolle. Der Leib besteht aus allen gemeinsam, Geben und Nehmen bilden eine Einheit. Für 2-3-4er ist es wichtig, dass alle dem einen Wort lauschen, dass sie explizit mit einbezogen sind, dass sie begrüßt werden. Geben und Nehmen ist der Rhythmus des gemeinsamen Gebets und der Liturgie. Wenn dieser Rhythmus zu sehr der eigenen Kreativität und Mühe entspringt, geraten 2-3-4er leicht in ihre Aktivismusfalle mit der dazugehörigen Oberflächlichkeit.

Oftmals erinnern sich 2-3-4er nach einem liturgischen Ereignis oder gemeinsamen Gebet nur daran, wen sie gesehen haben und wie es den anderen ging. Dennoch erinnert sie die Versammlung an den Geist: Wenn sie während der gemeinsamen Gebetszeit wirklich bei sich sind, dann erleben sie die Vereinigung mit der göttlichen Gegenwart, dem göttlichen Geist. Alles andere ist für sie sekundär. Das symbolische Erleben, dass wir alle eins sind, ist für diese Triade die entscheidende Botschaft.

Östliche Meditationsformen als Weg, das innere Leben zu fördern

Viele Menschen des Westens, die nach vertiefter Spiritualität suchen, werden bei östlichen Meditationsformen fündig. Die Anziehungskraft dieser östlichen Wege hat wohl damit zu tun, dass sie ganzheitlicher sind. Sie umfassen die Gesamtperson und integrieren Denken, Fühlen und Körper. Eine westliche Parallele dazu ist das bereits genannte Focusing, wie es Eugene Gendlin entwickelt hat. Seine Methode besteht darin, den Körper nach dem *felt sense,* der gefühlten Sinneswahrnehmung einer Erfahrung, zu befragen. Wir müssen östliche Gebetspraktiken nicht fürchten, wenn wir richtig mit ihnen umgehen. Sie bieten allen Menschen Hilfe und eröffnen universale Wege für diejenigen, die beten „lernen" wollen, unabhängig von ihrem kulturellen Hintergrund. Die menschliche Natur ist global betrachtet ein und dieselbe. Wir mögen Erfahrungen unterschiedliche Namen geben, aber der Weg zu Reifung und Wachstum ist für uns alle derselbe. *Thomas Merton* war einer der ersten Zeitgenossen, der das begriffen und uns geholfen hat, es zu verstehen.

Triade 8-9-1

Welchen Zugang haben Menschen der Triade 8-9-1 zu östlichen Gebetspraktiken im Allgemeinen und welche sprechen sie besonders an? Mitglieder dieser Triade nennen häufig Yoga als eine gute *Hinführung* zum Gebet. Einer der Gründe dafür mag darin liegen, dass der Leib für 8-9-1er Hilfs- oder Unterstützungsfunktion ist. Handeln und konkretes Verhalten führen sie zu jener Wahrnehmungsverknüpfung, die ihnen hilft, ihre Erfahrungen zu verstehen. Speziell beim *Hatha-Yoga* wird der Körper in unterschiedliche Stellungen versetzt. Diese Stellungen („Asanas") verhelfen 8-9-1ern oft zur inneren Sammlung. Manche Menschen lehnen diese Stellungen als etwas „Weltliches“ ohne spirituelle Qualitäten ab. In diesem Falle kann es für 8-9-1er hilfreich sein, den Körper für biblische Gestenarbeit einzusetzen. Wenn sie – wie zum Beispiel beim Bibliodrama – eine Haltung einnehmen, die durch eine Bibelpassage angeregt wird, oder eine biblische Geschichte nachspielen, können sie gleichsam *eigene* religiöse Asanas entwickeln. Auf diese Weise können dann das „Weltliche“ und das „Geistliche“ für sie eins werden.

Auch *Zen* ist für keine andere Enneagrammtriade ähnlich hilfreich. Zen fördert wache Präsenz im Hier und Jetzt und erfordert, dass der Mensch mit dem, was im Augenblick geschieht, „mitfließt“. Dazu gehört wahrzunehmen, welche Gefühle, Gedanken oder Sinnesimpulse gerade hochkommen. Zenerfahrung gleicht einem Menschen, der am Flussufer sitzt und aufs Wasser schaut. Dieser Mensch wendet sich weder nach links noch nach rechts, sondern blickt nach vorne und lässt alles zu, was ins Bewusstsein treten oder es wieder verlassen will. Dabei zwingt er keine bestimmte Erfahrung herbei und hält keine fest, wenn sie schwindet, um einer anderen Wahrnehmung Platz zu machen. Die Realität ist ein Kommen und Gehen im Fluss der Zeit. Alles, was da ist, ist hier und jetzt da. Da gibt es keinen Zwiespalt, kein Urteil und keine Auseinandersetzung. Dieser Lebensfluss fließt jenseits von Dualismus und Kampf. Es gibt weder Subjekt noch Objekt. Es gibt nicht Beobachtetes und Beobachtenden. Alles ist eins. Es gibt kein Innen und Außen und kein Vor und Zurück; es gibt nur eine einzige Präsenz. Der innere Zensor, der Korrektor, der Spalter und der Perfektionist, die besonders 8-9-1er plagen, solange sie im gewohnten Automatismus steken, haben Ausgang. Das kleine egozentrische Selbst trifft auf das große Selbst, den Grund des Daseins, die wahre Präsenz.

Auch mantrische Gesänge sind für Menschen in dieser Triade häufig hilfreich. Ebenso können christliche liturgische Gesänge und Gregorianik für sie wichtig sein. Gleich, welches Mantra es ist – entscheidend ist die ständige Wiederholung. Angehörige dieser Triade berichten oft, dass sie diese Gebetsart, die schlichtes Da-Sein fördert und die so zu ihrem eigenen Wesen passt, am liebsten so ausüben, dass sie die Worte eines Mantras nach und nach immer mehr reduzieren, bis am Ende nur das Schweigen übrig ist. Ein Mantra, das der Franziskaner und Enneagrammlehrer *Richard Rohr* empfiehlt, der auch in diese Triade gehört, lautet: „Sei still und erkenne: Ich bin Gott …". Daraus wird nach und nach: „Sei still und erkenne: Ich bin …"; „Sei still und erkenne: Ich …"; „Sei still und erkenne …"; „Sei still …"; „Sei!" Die letzte Bewegung dieses Mantras besteht im Schweigen, das diesem letzten Wort „Sei!" folgt. Auch hier sehen wir, wie gut sich östliches und westliches Gebet verbinden lassen.[1]

Geistliche Lesung *(lectio divina)* ist eine Tradition, die auf das frühe christliche Mönchtum zurückgeht. Die Kombination von geistlicher Lesung und Mantra gehört ebenfalls zu jener Begegnung von östlicher und westlicher Spiritualität, die 8-9-1er fruchtbar finden. Sie halten fest, was beim Lesen die eigene Energie weckt. Die Lesung kann aus der Bibel stammen oder eine andere literarische Form haben. Auch die Natur und sogar Menschen können zur „Lektüre" werden.[2] Als Mantra wählt der Mensch, was ihn berührt hat, und wiederholt es im Laufe des Tages wieder und wieder. Das mag ein Satz sein, der *felt sense* einer Beziehung, der Augenkontakt mit einem Mitmenschen oder sogar die Erinnerung an die Gestalt einer Wolke – immer handelt es sich um ein Mantra, die Wiederholung einer geistlichen Lesung oder einer göttlichen Manifestation im Alltag.

---

1 Anmerkung des Übersetzers: Auch das Jesusgebet oder Herzensgebet aus der orthodoxen Tradition beginnt mit einem Mantra, zum Beispiel „Herr Jesus Christus, Sohn Gottes, erbarme dich meiner!" Es kann immer weiter reduziert werden bis zum Namen Jesu und dann ins Schweigen münden.

2 Anmerkung des Übersetzers: Die „Straßenexerzitien", die der Berliner Jesuit *Christian Herwartz* entwickelt hat, ersetzen die Schriftlesung durch achtsames Unterwegssein in der Stadt mit der Bereitschaft zu überraschenden Gottesbegegnungen in Menschen und Ereignissen.

Der Aspekt östlicher Meditation, der Menschen dieser Triade gut tut, bezieht sich darauf, nach außen zu gehen und das, was außen ist, nach innen zu holen, auf den Rhythmus von Einatmen und Ausatmen. Der entscheidende Faktor ist in diesem Fall tatsächlich der Atem, der das, was von außen kommt, einlässt – und es danach auch wieder nach außen strömen lässt. Das kontrastiert zur Neigung von 5-6-7ern, Dinge festzuhalten, die eigene Welt in kleine Partikel zu zerteilen und zu horten. Die rhythmische Bewegung von Einatmen und Ausatmen hingen führt in die Balance.

Auch für 5-6-7er ist Yoga hilfreich. Im Gegensatz zu Zen, der Barrieren absenkt und sich für alle Wahrnehmungen öffnet, die da sind, gehört es zu den meditativen Aspekten von Yoga, die gesamte Aufmerksamkeit auf ein einziges Objekt zu richten, bis man in das Geheimnis dieses Gegenstands hineingezogen wird. Die Erinnerung und alle Sinne sammeln sich um diesen einen Gegenstand, diesen einen Gedanken, dieses eine Bild oder Symbol. Das einzige Objekt wird gleichsam geschmeckt und berührt, bis die meditierende Person in den Wirbel seines Geheimnisses hineingezogen wird. Inwiefern ist das für 5-6-7er besonders fruchtbar? Yoga hält das ständige Sammeln von neuen Eindrücken, Informationssplittern, Möglichkeiten, Ideen und Verbindungen an, richtet die Wahrnehmungsfunktion sanft und fest auf einen einzigen Gegenstand und lässt die anderen los.

Ein weiterer Teil östlicher Gebetspraxis, der Menschen dieser Triade gut zu tun scheint, ist der *Koan*. Ein Koan ist ein nichtrationaler Ausspruch. Einer der berühmtesten lautet: „Wie klingt das Klatschen einer einzigen Hand?" Ein Koan hat keine Antwort oder Lösung; man stellt sich der Frage und schweigt – und das Schweigen führt zum Geheimnis des Lebens. Das Leben ist keine Frage, die sich beantworten lässt. Es gibt keinen Schlüssel und keine Lösung für diese Aufgabe. Die Erinnerung daran, dass das Leben ein Mysterium ist, ist insbesondere für

5-6-7er wertvoll. Auch wenn sie nie aufhören werden, Fragen zu stellen und Probleme zu wälzen, müssen sie daran erinnert werden, dass es auf die wichtigen großen Lebensfragen – und auch auf viele kleinere – keine Antwort gibt. Daran erinnert der Koan.

Triade 2-3-4

Der Schwerpunkt östlicher Gebetsformen für Menschen der Triade 2-3-4 liegt bei ihrem Körperaspekt. *Hatha-Yoga* kann auch für diese Menschen besonders wertvoll sein, aber auf andere Weise, als dies bei 8-9-1ern der Fall ist. Die Angehörigen der 2-3-4-Triade trennen in ihrem Leben nicht zwischen dem Physischen und dem Spirituellen. Das hat mit ihrer „horizontalen" Spiritualität zu tun, wie weiter oben dargestellt. Für sie ist das Da-Sein selbst Segen, das Leben an und für sich ist heilig, wie der jüdische Theologe *Abraham Herschel* sagt. Das Einnehmen der Haltungen oder Asanas beim Hatha-Yoga ist in sich selbst Gebet. Für 2-3-4er hat die Zenlehre, dass gutes Sitzen gutes Beten bedeutet, besondere Bedeutung. Auch hier wird einmal mehr deutlich, wie unterschiedlich die drei Triaden auf das Leben blicken. Erinnern wir uns, dass für 8-9-1er Hatha-Yoga eine vorzügliche *Hinführung* zum Gebet ist. Sie unterscheiden zwischen Vorbereitung und Gebet. Für 8-9-1er ist das Gebet etwas Spezifisches und Eigenes; sie erleben immer irgendeine Barriere zwischen der spirituellen und der nicht-spirituellen Welt. Im Gegensatz dazu können 2-3-4er unbefangen davon reden, dass Hatha-Yoga ihr Gebet sei. Das Gebet besteht in der Bewegung des Leibes von einer Stellung zur anderen.

Ich kenne eine Dame, die Hatha-Yoga unterrichtet. Einmal wurde sie von einer Gruppe gefragt, was sie dadurch gelernt hätte und weshalb sie es praktiziere. Ihre Antwort überraschte sie sogar selbst: „Yoga hat mich gelehrt, meinen Körper zu lieben. Es hat mich gelehrt, den Körper in mein gesamtes Leben zu integrieren. Es hat mich gelehrt, alles an mir wertzuschätzen."

2-3-4er verstehen, was radikale Inkarnation bedeutet, die Fleischwerdung des Geistes, bei der Kategorien wie „weltlich" und „geistlich" hinfällig werden. Ihre spirituelle Aufgabe besteht schlicht darin, Mensch zu sein: hier und jetzt zu leben, zu sein und zu handeln. Ihr eigener Geist und somit der Geist Jesu sind in jedem Augenblick des Daseins eins: „Ich lebe, aber nicht ich, sondern Christus lebt in mir", schreibt der Apostel Paulus (Galater 2,20). Das nehmen sie wörtlich und das schließt ihren gesamten Organismus ein. Wenn sie Hatha-Yoga üben und dabei den Leib in bestimmte Stellungen versetzen, dann drücken sie den Geist Jesu in der Schöpfung aus. Dies ist die Botschaft, die östliche Gebetsformen für 2-3-4er haben.

Kontemplativ leben – unsere Berufung als Menschen

Die Haltung des Beters und der Beterin

Wir werden Betende, um ein kontemplatives Leben zu führen. Dazu sind wir berufen. Kontemplation – das Wort mag sehr esoterisch klingen. In Wahrheit aber ist es wie bereits gesagt eine urmenschliche Erfahrung. Die spirituellen Meisterinnen und Meister sprechen von zwei Arten der Kontemplation: der aktiven und der passiven.

Anthony de Mello erzählt die Geschichte eines spirituellen Meisters, der von einem Schüler gefragt wird, was er tun könne, um zur Erleuchtung zu gelangen. „Genauso wenig, wie du tun kannst, damit morgens die Sonne aufgeht", antwortet der Meister. Daraufhin fragt der Schüler: „Welchen Sinn haben dann aber die spirituellen Übungen, die du empfiehlst?" Und der Meister erwidert: „Sie sorgen dafür, dass du nicht schläfst, wenn die Sonne aufgeht." Der aktive Teil der Kontemplation hat mit dem Wachbleiben zu tun, also damit, dass wir der Schläfrigkeit nicht nachgeben. Es geht um den Beitrag, den wir selbst zu unserem geistlichen Weg leisten können und müssen. Gerichtete Aufmerksamkeit ist unser Beitrag zur kontemplativen Erfahrung. Geistliche Schriftstellerinnen und Schriftsteller aller Zeiten haben diesen menschlichen Beitrag häufig als „aktive Kontemplation" bezeichnet.

Achtsamkeit hat etwas mit Disziplin zu tun. Zugleich aber ist die Fähigkeit, die Wahrheit zu sehen, eine göttliche Gabe. Das begreifen wir, wenn wir uns daran erinnern, wie schwierig es ist, unseren Geist vom Abschweifen abzuhalten – trotz bester Absichten. Oder wenn wir uns bewusst machen, wie anstrengend es ist, den Schwierigkeiten des Daseins wirklich ins Auge zu sehen. Gewiss brauchen wir für alles, was wir tun, Gottes Kraft. Dennoch ist es *auch* wahr, dass aktive Kontemplation unsere Mitarbeit nötig macht.

Im Gegensatz dazu ist passive Kontemplation etwas, was gleichsam aus dem Nirgendwo kommt und uns überrascht. Passive Kontemplation kann man nicht programmieren.

Es stimmt natürlich, dass sich unser Leben von Augenblick zu Augenblick ständig verändert. Ebenso aber stimmt es auch, dass wir diesem Geschehen gegenüber eine konstante Einstellung entwickeln können. Vermutlich besteht unser eigener Hauptbeitrag zu einem reifen Gebetsleben darin, dass wir unsere Achtsamkeit entwickeln. Wir brauchen Sammlung und müssen hellwach damit rechnen, dass Gott unser Dasein nährt. Aus dieser Haltung heraus begegnen wir jedem Augenblick, der an uns vorüberfließt. So wie wir vom Ufer aus zuschauen, wie die Strömung eines Bachs Zweige, Kieselsteine und Fische mit sich führt, so werden wir auch der ständigen Veränderung in unserem Lebensstrom gewahr, wenn wir die Aufmerksamkeit Augenblick für Augenblick auf ihn lenken. Die Wahrnehmung dessen, was ist, macht uns zu Menschen. So finden wir uns selbst. Und wenn wir uns selbst begegnen, dann können wir auch anderen und Gott begegnen.

Diese Haltung kann man zugleich „wach“, „geistesgegenwärtig“ und „entspannt“ nennen. Wir schauen mit offenen Augen, der unbeirrbare Blick wird immer ehrlicher und umfassender. Auch wenn es erschreckend ist, immer klarer all das zu sehen, was in uns und außerhalb von uns tatsächlich *ist,* ist es nötig, dass wir uns im Lauf des Lebens darauf einlassen. Indem wir unbeirrt hinschauen, wachsen Mut und Risikobereitschaft. Wir müssen uns nicht länger über alles und jedes anlügen lassen, weder von uns selbst noch von anderen. Unsere Selbsttäuschungen fallen eine nach der anderen in sich zusammen. Unsere Illusionen und Wahnvorstellungen – einst unsere Überlebensstrategien – müssen wir immer weniger päppeln.

Wir können die kontemplative Haltung bzw. unseren aktiven Beitrag zur Kontemplation auch als eine Art Lektüre unseres Lebensbuchs oder Lebensskripts begreifen. Dieses Buch hat keine Endfassung, sondern wird fortwährend weiter geschrieben. Wenn unsere kontemplative Achtsamkeit zunimmt, lesen wir dieses Buch immer gründlicher. Wir lassen unseren Blick horizontal über unsere Vergangenheit, unsere derzeitige Situation und künftige Möglichkeiten, Pläne und Befürchtungen schweifen. Zugleich schürfen wir von der Oberfläche unserer Existenz in seine Abgründe und Tiefen. Dabei erleben wir in uns immer reichere Schichten von Gedanken, Empfindungen, Gefühlen, Körperwahrnehmungen und Reaktionsweisen. Wir bekommen insbesondere Zugang zu unserer eigenen Tiefensensibilität, die uns mitteilt, ob wir gerade „da" sind oder „weg". Dieser „kinästhetische Sinn", wie er in der Fachsprache heißt, registriert innere Stimmigkeit und Unstimmigkeit. Es handelt sich um ein Gespür dafür, dass alles in Ordnung ist – oder dass wir die Mitte verloren haben. Wenn wir dafür sensibel sind, kann der kinästhetische Sinn einen bedeutenden Beitrag dazu leisten, dass wir herausfinden, wer wir sind und was unsere Aufgabe ist. Das Lesen unserer inneren Lebensenergie nennen wir „Unterscheidung". Wenn wir ihr folgen und uns ihrem Fluss überlassen, kommt es zu einer „weisen Wahl": Wir entscheiden uns für das Leben!

Die kontemplative Haltung ist ferner ein Synonym für Stille. Wenn wir still sind und in uns ruhen, dann sehen, hören und fühlen wir das Leben ohne innere Abwehr. Die Stille, von der ich hier rede, ist nicht die Abwesenheit von Geräuschen. Wir können inmitten einer drangvollen Innenstadt, eines Klassenzimmers, einer lärmenden und lachenden Familie oder eines Büros mit seinen summenden Computern still sein. Das Schweigen, das ich meine, ist die Abwesenheit unseres lauten, künstlichen und fordernden Egos. Stattdessen ruhen wir in unserem wahren Selbst, als das wir geschaffen und gemeint sind.

Einen Großteil unserer jungen Jahre verbringen wir damit, ein Selbstbild zu konstruieren. Dabei versuchen wir, uns und andere zu überzeugen, dass wir so und nicht anders sind. Dieses Bild ist voller Übertreibungen und Entstellungen, Lügen und Täuschungen, Illusionen und Wahnideen. Es wird zum Götzen, den wir ständig versöhnlich stimmen müssen, weil er sich unablässig behaupten will. Die kontemplative Haltung unterstützt uns dabei, die Forderungen dieses künstlichen Selbstbildes hinter uns zu lassen. Wir kommen zur Ruhe, brauchen weder Entschuldigungen noch Selbstrechtfertigungen und müssen nicht mehr darum kämpfen, gut auszusehen. Wir geben ehrlich zu, dass wir Grenzen und Schwächen haben.

Was kontemplative Haltung ist und was nicht

Eine wirklich kontemplative Haltung umfasst all das soeben Gesagte und mehr. Im Gespräch darüber ist eine metaphorische und bildhafte Sprache hilfreich. Es ist wichtig, die Empfänglichkeit und Offenheit für das Leben so zu beschreiben, dass klarer wird, worum es dabei geht und worum nicht.

Derzeit sind Meditation und alle möglichen Meditationstechniken „in". Als vor etwa einer Generation diese Praktiken populär wurden, versprachen sie denen, die sich darauf einließen – meist Menschen, die sich nach Gelassenheit sehnten –, alles Erdenkliche. Man nahm an, diese Methoden würden nicht nur zu innerer Ruhe führen, sondern darüber hinaus automatisch Frieden und Versöhnung zwischen den Menschen stiften und zu einem selbstlosen und reifen zwischenmenschlichen Umgang führen. Einige wenige haben das tatsächlich so erlebt. Das gegenwärtige Interesse daran, einfach und ehrlich zu leben, bezeugt auf jeden Fall eine tatsächlich vermehrte Suche nach spiritueller Praxis und echter Spiritualität, die über bloße Rituale und Äußerlichkeiten hinausgeht.

Eine Reihe von populären Meditationsformen, die voll im Trend liegen, empfinde ich selbst aber wegen ihrer Auswirkung auf Einzelne und Gruppen als äußerst fragwürdig. Diese Art von „Meditation" wäre eigentlich akkurater als „Nabelschau" zu bezeichnen. In diesem Bild wird die Haltung einer Ichbezogenheit anschaulich, die zugleich Folge und Zeichen unechter Kontemplation ist. Anstatt vom Göttlichen ergriffen zu werden, greife ich nach dem Göttlichen. Ergebnis dieser „Kontemplation" ist ein Mangel an Bewusstsein für *echte* persönliche und soziale Belange. Es handelt sich letztlich um unreife Genusssucht.

Der treffende Name für solche Praktiken lautet Narzissmus, der sich als Gebet, Meditation und Kontemplation tarnt. Diese Praxis kreist um das Bild, das wir von uns produzieren – und nicht um unser wahres Leben. Es ist immer schmerzhaft, dem wirklichen Leben mit seiner Begrenztheit, Armseligkeit, Banalität und Gewöhnlichkeit und mit all seinen peinlichen Gewohnheiten ins Auge zu sehen. Der Blick hinter die Maske des Egos führt zu einer Konfrontation mit uns selbst, die erschreckt, zu einer Selbstverachtung, die Ekel erregt, zur eigenen Dunkelheit, die uns die Schamröte ins Gesicht treibt. Wenn wir dennoch schließlich und endlich den Mut haben, das anzusehen, was wir in uns vorfinden, führt uns die Demaskierung zu echter Demut, die uns in der Stille öffnet für unser tieferes Wesen. Wir begreifen, dass Gott uns immer gesehen hat, wie wir sind, und dass er uns so annimmt.

Echte Kontemplation führt zur Umkehr und stellt unser bisheriges Selbstbild auf den Kopf. Wir müssen uns nicht länger einreden, allmächtig, allwissend und voller Selbstvertrauen zu sein. Mit anderen Worten: Wir müssen nicht mehr unser eigener Gott sein. Diese Ehrlichkeit führt uns schließlich auch zum Leid und zu den Bedürfnissen unserer Mitmenschen. Aus dem Mitgefühl mit uns selbst erwächst echtes Mitfühlen mit anderen. Wir akzeptieren unsere Geschöpflichkeit und die Realität eines Schöpfers. Narzissmus hingegen lullt uns in den Schlaf und erfordert keine Veränderung, weil er gar keinen Grund für Veränderung sieht. Oberflächliche Selbstberuhigung weicht der Wirklichkeit aus; sie heißt *Quietismus.* Quietismus schläfert unsere Wahrnehmungsfähigkeit ein. Dazu wird Kontemplation niemals führen, denn sie konfrontiert uns auf eine Weise mit dem Leben, die uns mit allen Daseinsfasern beansprucht.

Nachdenklichkeit ist etwas Gutes. Dennoch ist Kontemplation etwas anderes als Nachdenken. Möglichkeiten abzuwägen und zu erkunden hat seinen legitimen Platz im Leben, aber das ist es nicht, was ich kontemplatives Handeln nenne. Es handelt sich vielmehr um reine Hirnaktivität, die sich auf jener Ebene abspielt, die die Anhänger des *Bio-Feedback* als Beta-Level bezeichnen, der fokussiertes und direktes Denken umfasst.[3] Manche Menschen verbringen allerdings zu viel Zeit damit, sich jeden Schritt im Leben genau zu überlegen. Sie humpeln, wie *Anthony de Mello* sagt, einbeinig durchs Dasein. Kontemplation ist eine umfassendere Aktivität als Nachdenken. Der gesamte Organismus mit all seinem Fühlen und mit seiner gesamten Körperwahrnehmung ist daran beteiligt. Unser ganzes Selbst reagiert auf das Leben, das uns in jedem Augenblick neu entgegenkommt.

Das Enneagramm kann uns zeigen, welche unserer Funktionen – die Wahrnehmungsfunktion, die Gefühlsfunktion oder die Körperfunktion – wir übertreiben. Wir sehen ferner, welche der Funktionen von uns vernachlässigt wird und welche zwischen den beiden anderen Funktionen vermittelt. Das macht uns noch nicht kontemplativ; aber es offenbart uns, wie und was wir typischerweise erleben. So kann es uns darauf hinweisen, wie und wer wir sind. Informationen über unser Enneagrammmuster machen aus uns nicht automatisch Menschen, die beten können. Aber wenn wir durch echte Selbsterkenntnis und Erinnerungsarbeit unser Leben klarer erfassen, dann kann das dazu führen, dass wir uns umfassender verstehen. Unsere Selbstfürsorge wächst und schließlich erleben wir, dass unser Geist und Gottes Geist eins sind. Ohne diesen Tiefgang ist das Studium des Enneagramms nichts weiter als eine harmlose Freizeitbeschäftigung. Mit diesem Tiefgang jedoch wird es, um einen Ausdruck des Heiligen Benedikt zu gebrauchen, zu einem Werkzeug der „geistlichen Handwerkskunst“.

---

3 Anmerkung des Übersetzers: Mit dem Begriff Biofeedback (von altgriechisch Bios = Leben und englisch Feedback = Rückmeldung) wird eine Methode bezeichnet, bei der Veränderungen bei biologischen Vorgängen, die der unmittelbaren Sinneswahrnehmung nicht zugänglich sind, wie zum Beispiel Hirnströme, meist mit elektronischen Hilfsmitteln beobachtbar und so dem Bewusstsein zugänglich gemacht werden.

Weiterhin handelt es sich bei Kontemplation nicht um strukturiertes Denken. Viele Menschen bringen sehr viel Zeit damit zu, die Wirklichkeit auf die unterschiedlichste Weise zu ordnen und sie auf Myriaden von Weisen zurechtzudenken. Diese Denkarbeit kann bei dem, was diese Menschen womöglich Gebet oder Kontemplation nennen, viel Zeit beanspruchen. Das Motiv hinter dieser Aktivität ist häufig das Bedürfnis, die Wirklichkeit unter Kontrolle zu halten, indem man sie erklärt und klassifiziert, um sie handhaben und vorhersagen zu können. Informationen, Emotionen, Personen, die eigene Lebensgeschichte, gegenwärtige Ereignisse, Ideen über das Göttliche oder über alle möglichen Gebetsarten werden in ein inneres Schema gepresst. Echte kontemplative Haltung verzichtet auf dieses Bedürfnis. Dieses Bedürfnis ist Zeichen von Ego-Aktivität und blockiert ein ruhiges und lebendiges Mitfließen mit dem Strom des Lebens.

Das Nachdenken über das eigene Leben ist natürlich sinnvoll; dennoch hat es nichts mit der kontemplativen Haltung zu tun, die ich zu beschreiben versuche. Reflexion kann zwar entspannend wirken, bleibt aber dennoch Re-Flexion, der Rück-Blick auf vergangene Erfahrungen. Zur Kontemplation aber gehört, dass wir *hier und jetzt* vom Leben ergriffen werden. Wir kommen dem Leben nicht näher, wenn wir es beobachten. Reflektierende Beobachtung ist manchmal nötig als Vorbereitung zur Kontemplation und kann gewisse Einsichten vermitteln. Kontemplation hingegen umfasst unser gesamtes Dasein und lässt keinen Teil von uns außen vor, von wo aus er die Erfahrung beobachten und beurteilen könnte.

Thomas Merton hat diese Art von Selbstbeobachtung und Selbstwahrnehmung eindrücklich beschrieben. Er hat sie dem falschen Selbst zugeordnet, das um Image und Selbstdarstellung kreist. Nach *Anthony de Mello* wissen wir im wirklichen Kontemplativsein nicht, wer wir sind, weil wir damit beschäftigt sind, das Leben zu leben. Kontemplation ist Erfahrung; sie ist größer als bloßes Erkennen. Manchmal ziehen uns unsere Lebensreflexionen, insbesondere Reflexionen über unsere Vergangenheit, so in den Bann, dass die Vergangenheit völlig präsent wird. Wenn das geschieht, bewegen wir uns auf die Kontemplation zu. Wenn wir uns zum Beispiel an unsere Kindheit mit ihren Freuden und Schmerzen erinnern, kann es geschehen, dass das glückliche oder traurige Kind in uns völlig lebendig und gegenwärtig wird. Hier und jetzt erleben wir diesen Jungen oder dieses Mädchen. Es ist nicht mehr nur Erinnerung. Manchmal vollenden wir unvollendete oder nicht gelebte Teile unserer Geschichte auf diese kontemplative Weise.

Kontemplation ist nicht auf physische Unbewegtheit angewiesen. Manche Menschen gelangen durch Gehen (Pilgern), Arbeiten, Reden oder Singen zur Kontemplation. Die klösterlichen Stundengebete mit ihren gesungenen Psalmen und Hymnen tragen seit jeher dazu bei, dass Menschen sich selbst loslassen und sich auf das Leben einlassen können. Wer meint, stilles Sitzen sei unabdingbar für die Kontemplation, meditiere folgende Geschichte: Ein Meister wurde kritisiert, weil er zu Hause ständig beschäftigt war oder durch die Gegend reiste – und das, nachdem er darüber gesprochen hatte, wie wichtig das Sitzen in der Stille sei. Er antwortete seinen Anklägern, ein bewegtes Leben bedeute nicht, dass man nicht kontemplativ sei. Die Haltung der Kontemplation entsteht von innen her und nicht durch äußeres Tun.

Die kontemplative Haltung ist zu unterscheiden von Spekulationen. Man kann das Leben nicht nur diskutieren oder von außen betrachten. Es muss gelebt werden. Wir können den Sinn von Leben und Tod einander nicht demonstrieren; jeder Mensch muss Leben und Tod selbst schmecken. Das ist wie mit Pudding: Spekulationen werden ihn uns nicht näher bringen; wir müssen ihn essen, um wirklich Bescheid zu wissen.

Kontemplatives Leben ist keine Aufgabe oder Leistung. Manche Menschen strengen sich ungeheuer an, um leer zu werden. Das ist keine Kontemplation; das ist Arbeit. Kontemplation ist vielmehr die Übung, die Augen zu öffnen, damit wir sehen. Das hat nichts mit Druck oder Anstrengung zu tun. Wenn wir beispielsweise einen gerade aus dem Kokon ausschlüpfenden

Schmetterling anhauchen würden, um ihn zu trocknen, damit er besser fliegen kann – würde ihm das nichts nützen. Im Gegenteil: Unsere Ungeduld und unser Mangel an Bereitschaft zu warten, bis die Zeit reif ist, würden ihn töten. Das gilt auch für das kontemplative Leben: Wir müssen ihm Zeit lassen, bis es sich entfalten kann.

Aktive Kontemplation bedeutet, die Augen offen zu halten, damit wir nicht schlafen, wenn die Sonne aufgeht. Worauf aber blicken wir dabei? Wir schauen auf das eigene Leben. Das ist der Ausgangspunkt, der Ort, wo Gott zuerst zu uns spricht. Gott spricht fortwährend durch die gesamte Schöpfung. Deswegen sehen wir zunächst jenen Teil der Schöpfung an, der uns am nächsten ist: uns selbst. Allmählich weitet sich der Horizont und wir schauen die gesamte Wirklichkeit an. Wir lesen und bedenken die Bibel, Briefe, die mit der Post kommen, Romane und Gedichte und die Tageszeitung. Wir lesen Biografien einschließlich der eigenen, wir lesen unser Tagebuch. Wenn wir unsere momentane Situation ansehen, werden uns die eigenen Stärken und Gaben bewusst, aber auch unsere Defizite – insbesondere jene defizitäre Stimme in uns, die uns ständig einredet, wir müssten unsere Defizite „ausgleichen".

Unser größter Fehler – ich nenne ihn die Ursünde – besteht in unserer Überzeugung, wir seien so, wie wir sind, nicht liebenswert. Zum Glück aber entdecken wir allmählich unsere wirklichen Energien anstatt der selbst erdachten und selbst gemachten. Diese echten Energien lassen wir zu, wir verstärken sie und reichern sie an, indem wir uns mit ihnen verbünden und sie als Lebensstrom frei fließen lassen. Bei dem Versuch, aufgebauschte falsche oder nur enthusiastische Energien von echten zu unterscheiden, unterlaufen uns gelegentlich Fehler. Doch das macht nichts. Wir fallen eben gleichsam „auf die Schnauze" und müssen uns wieder hochrappeln. Lernen ist immer Versuch und Irrtum.

Wenn wir uns den vernachlässigten Aspekten unserer Persönlichkeit zuwenden, jenen Teilen, die wir gering geschätzt, verachtet oder vergessen haben oder die uns Angst machen, wird offenbar, welche Aspekte unserer selbst wir vergraben haben. Unsere Wahrnehmungsfunktion hilft uns, die eigenen Einstellungen, Überlegungen, Fragen und Ungereimtheiten zu erfassen. Das führt dazu, dass wir Humor entwickeln, das Komische im eigenen Leben sehen und darüber lachen können. Wir gelangen zu Klarheit über unsere eigenen Einsichten und Meinungen, unser vorschnelles Urteil, das Vorurteile zeitigt, und die vielfältigen Formen von Aberglauben, aus denen wir leben. Ein verbreiteter Aberglaube, dem viele Menschen anhängen, besagt: Wenn mir etwas Gutes widerfahren ist, dann wird bald darauf etwas Schlimmes passieren und alles kaputt machen. Es gibt noch zahllose andere solcher abergläubischen Lebensmaximen. In der Kontemplation nehmen wir unsere Projektionen wahr, das heißt, unsere eigenen Themen, die wir unseren Mitmenschen oder Gott anhängen.

Zunehmend lernen wir, stärker auf unsere Gefühlsfunktion zu achten. In der Kontemplation finden wir Zugang zu unseren Ängsten, zu Wut und Ablehnung, zu Trauer und Panik. Wir erkennen unsere Besorgtheit, Begeisterung und Verzweiflung. Wir erleben unsere Hoffnung, Einsamkeit, Seelenpein, Erregung, Verblendung und Abscheu und unsere Widerstände.

Allmählich wird unsere Körperwahrnehmung präziser. Das schließt die Eindrücke ein, die uns unsere Sinne vermitteln, unser Sehen, Hören, Tasten und Riechen, unseren kinästhetischen Sinn, die sinnlichen Freuden des Körpers, erotisch-sexuelle Impulse[4], das Gefühl, im Einklang zu sein oder nicht. Wir fühlen Ruhe, Stille und Sammlung.

---

4 Anmerkung des Übersetzers: Ein Großteil der spirituellen Literatur stammt von Zölibatären. Deswegen wird der Zusammenhang von Sexualität und Spiritualität häufig nur gestreift. Die Hirnforschung, die sich derzeit des Themas Meditation annimmt, hat beispielsweise Ähnlichkeiten zwischen den Hirnfunktionen eines meditierenden Menschen und denen beim Orgasmus festgestellt. Wenn Spiritualität Leben in Fülle meint, gehört unsere Sexualität als wesentlicher Bestandteil auch dazu. Dazu gibt es leider sehr wenig Literatur. Die Versöhnung von Eros und Gebet gehört zu den dringend anstehenden Aufgaben für eine zukunftsfähige Spiritualität.

Natürlich ist unser Leben größer als wir selbst. Es schließt andere Menschen ein. Wir nehmen die Menschen, die wir lieben und hassen, die uns langweilen oder die uns gleichgültig sind, die uns anvertraut sind und die für uns sorgen, immer deutlicher wahr. Zunehmend verstehen wir die Menschen besser, die für uns auf die eine oder andere Weise wichtig sind: die Familie, die verschiedenen Gemeinschaften, zu denen wir gehören, unsere Freundinnen und Freunde, die Männer, die Frauen und die Kinder. Wir kennen die Lebenden, aber auch die, die gestorben sind. Nah sind uns nicht nur Menschen, die uns zurzeit im Alltag begegnen, sondern auch diejenigen, die zu unserer Vergangenheit gehören und die zu dem beigetragen haben, was wir heute sind.

Auch unser Bewusstsein für das, was größer ist als die individuellen Personen in unserem Umfeld, wächst in der Kontemplation. Wir nehmen die politische und wirtschaftliche Situation unserer Welt wahr und finden Zugang zu fremden Kulturen und ethnischen Gruppen. Immer tiefer verstehen wir die Probleme und Themen, denen unsere Welt und die Menschen in ihr ausgesetzt sind. Die ökologische Situation unseres Planeten, der um sein Überleben kämpft, geht uns unter die Haut.

Nach *Anthony de Mello* brauchen wir ein ganzes Leben, um die Augen zu öffnen. Das Sehen selbst dagegen ereignet sich blitzartig. Sehen setzt immer ein Umschalten voraus, bei dem wir uns von Vertrautem lösen und Unstimmigkeiten wahrnehmen. Wir verlassen die kindische Meinung, wir seien der Nabel der Welt, und sehen uns realistischer. Und dann lachen wir. Denn wahres Sehen löst immer Gelächter aus. Wir lachen liebevoll und ohne verächtlichen Beigeschmack. Wir lachen über den Treppenwitz unserer Ego-Narretei, die uns einredet, wir seien der Mittelpunkt des Universums.

Wen sehen wir, wenn sich dieser Blick einstellt und wenn der Schalter umgelegt ist? Wir sehen, wie ein alter chinesischer Meister sagt, einen Menschen, der auf einem Ochsen reitet und gleichzeitig den Ochsen sucht. Es ist ein Mensch, der etwas sucht, was gar nicht abwesend ist. Einer, der einen Berg erklimmt, den es nicht gibt. Einer, der es bequem haben will. Einer, der tötet, um Frieden zu schaffen. Einer, der sich abschuftet, um Gnade zu finden, die per Definition pures Geschenk ist. Einer, der spaltet, um Menschen zusammenzuführen. Einer, der Gott sucht und gar nicht merkt, dass er längst auf heiligem Boden steht. Wenn uns die Augen aufgehen, sehen wir, dass Gott längst in unserem Leben ist. Wir müssen ihn nicht erst in unser Leben holen.

All dies könnte man aktive Kontemplation nennen. Was jedoch ist passive Kontemplation? Vor allem ist es etwas, was wir nicht *machen* können. Wir verändern uns. Aber das ist nicht das Ergebnis eigener Anstrengungen und Mühen. Wir werden verwandelt, aber wir verwandeln uns nicht aus eigener Kraft. Verwandlung oder Bekehrung ist nicht die Folge von einem Tun, sondern von einem Lassen. Und nicht einmal das Lassen ist unser eigenes Werk. Der Lebensprozess selbst nimmt uns die Illusionen und den Größenwahn, sodass sie uns nicht länger foppen können. Wenn wir das Leben leben, zeigt es uns, wer wir sind. Unsere Mitmenschen sagen es uns, die Umstände verlangen unsere Antwort. Im Prozess der Umkehr und Verwandlung schließen wir Frieden mit uns selbst, so wie wir nun einmal sind. So wie Jesus, der Fleischgewordene, der Weise, der sich ganz und gar auf das Menschsein eingelassen hat. Wenn wir bewusst leben, durchströmt uns das Leben. Wir halten es immer weniger auf. Unser Leben wirklich zu leben – ist das nicht in sich selbst bereits die tiefste Einheit mit der Fülle des Lebens, die sich erfahren lässt? Und hat nicht Jesus gesagt: „Ich bin ... das Leben"?

Nochmals frage ich: Wie kann uns das Enneagramm bei all dem helfen? Die Auseinandersetzung mit dem Enneagramm ist ein äußerst hilfreiches Vorspiel dazu, ein bewussteres und sensibleres menschliches Instrument im Zusammenspiel der Schöpfung zu werden, ein Mensch, durch den das Leben strömen kann. Durch das Enneagramm werden wir uns über die eigene Dynamik klarer. Welche Themen tauchen in meiner

Erfahrung immer wieder auf, weil ich bin, wer ich bin? Man kann das Enneagramm in seiner Tiefe nur verstehen und wertschätzen, wenn man bereits unterwegs ist. Wir müssen das Leben selbst suchen, um intelligent mit dem Enneagramm umzugehen. Wir müssen bereit sein, Fragen zu stellen und für Antworten offen zu sein: Wie stehe ich mir selbst im Weg? Was blockiert den freien Fluss meiner Energie? Was lähmt mich? Was löst zwanghafte, automatisierte und suchthafte Impulse und Reaktionen aus? Was ist meine wahre Natur? Was tut mir wirklich gut? Was regt meine Wachstumsenergien an? Worin besteht meine einzigartige Gabe?

Das Enneagramm ist ein Werkzeug der Lebenskunst, das uns zeigt, wie wir unsere eigenen schlimmsten Feinde sein können und sind und wie wir uns selbst im Weg stehen, wenn es darum geht, das in uns Angelegte zu entfalten. Es macht uns besser mit uns selbst bekannt und ermutigt uns, unsere eigenen Freunde zu werden und uns selbst zu verstehen. Das ist die Vorbedingung, damit wir anderen gegenüber offen sind und mitfühlen können. Das Enneagramm erlaubt uns, nach und nach jenen Teil der Wirklichkeit zuzulassen, den wir seit früher Kindheit zu verleugnen gelernt haben. Es befähigt uns, alle egozentrische Nabelschau fahren zu lassen und die Selbstkonfrontation zuzulassen, die uns das schlichte einfache Wesen zeigt, als das wir gedacht sind.

Das Enneagramm sorgt für eine Atmosphäre, in der uns das Leben packen und in sich aufnehmen kann. Sobald dies geschieht, werden wir auch besser fähig, unsere Mitmenschen zu sehen, zu hören und zu verstehen, die eine andere Ausgangslage, andere Perspektiven und andere Standpunkte haben als wir. Diese Wahrnehmungen fördern Geduld und fordern Humor. Sie verlangen, dass wir uns offenbaren, damit andere verstehen können, woher wir kommen. Sie führen dazu, dass wir die eigene Begrenztheit zugeben, weil wir wissen, dass weder uns noch anderen die gesamte Lebenserfahrung verfügbar ist.

Wenn wir unsere Grenzen annehmen und uns mit ihnen

versöhnen, können wir auch die Grenzen anderer besser zulassen und uns mit ihnen versöhnen. Wir werden fähiger, menschliche Gebrochenheit zu vergeben, die zu unser aller Geschöpflichkeit gehört. Wir können all die anderen besser annehmen, die mit uns die Bedingungen und Bedingtheiten des Menschseins teilen. Unsere Fähigkeit, uns anderen mitzuteilen und für ihre Botschaften empfänglich zu sein, nimmt zu. Unsere Abwehrmechanismen und Widerstände gegen die eigene Wahrheit und die anderer Menschen lockern sich. Barrieren schmelzen allmählich ab. Wir werden zu Menschen, die zu Liebe, Beziehung und Einheit fähig sind. Mehr und mehr fließen wir mit der gesamten Schöpfung. Wir werden lebendige Beterinnen und Beter, ja, wir werden selbst zum Gebet. Wir werden kontemplativ. Das ist die Berufung aller bewussten Menschen; wenn es sich ereignet, gelangen wir zu unserer Bestimmung. Das alles kann natürlich unabhängig davon geschehen, ob wir vom Enneagramm gehört haben oder nicht. Dennoch kann es uns gute Dienste leisten: Es beschreibt unserer Begabtheit und ebenso beschreibt es, wie wir unsere eigentliche Gabe sabotieren. Das macht es zu einem starken Werkzeug für unseren Weg.

Weiterführende Literatur

Zur Spiritualität des Enneagramms

Almaas, Ali Hameed/Bolam, Christine: Facetten der Einheit. Das Enneagramm der Heiligen Ideen, J. Kamphausen Verlag, Bielefeld 2004

Ebert, Andreas: Die Spiritualität des Enneagramms, Claudius Verlag, München 2008

Ebert, Andreas/Küstenmacher, Marion: Die Perlen der Seele – Meditieren mit dem Enneagramm, Claudius Verlag, München 2009

Maitri, Sandra/Bolam, Christine: Neun Porträts der Seele. Die spirituelle Dimension des Enneagramms, J. Kamphausen Verlag, Bielefeld 2002

Maitri, Sandra: Der Weg zurück zum Selbst: Das Enneagramm der Leidenschaften und Tugenden, J. Kamphausen Verlag, Bielefeld 2009

Naranjo, Claudio/Strässer, Gerhard/Dell Anno-Doppler, Regula: Das Enneagramm der Gesellschaft. Die Übel der Welt, das Übel der Seele, Via Nova Verlag, Petersberg 1998

Rohr, Richard/Ebert, Andreas: Das Enneagramm – die neun Gesichter der Seele, Claudius Verlag, München ^{45}2009

Teresa von Avila: Die innere Burg, Diogenes Verlag, Zürich 2006

Zuercher, Suzanne: Neun Wege zur Ganzheit. Die Spiritualität des Enneagramms, Herder Verlag, Freiburg 1995

Zuercher, Suzanne: Spirituelle Begleitung. Das Enneagramm in Seelsorge, Beratung und Therapie, Claudius Verlag, München ^{2}2004

Zu Kontemplation und Gebet

Hense, Elisabeth: Mein Herz war wach. Eine Schule der Kontemplation, Vier-Türme-Verlag, Münsterschwarzach 2001

Jalics, Franz: Kontemplative Exerzitien: Eine Einführung in die kontemplative Lebenshaltung und in das Jesusgebet, Echter Verlag, Würzburg 112008

Jalics, Franz: Der kontemplative Weg, Echter Verlag, Würzburg ^{3}2008

Jäger, Willigis: Kontemplation – Gott begegnen heute, Herder Verlag, Freiburg ^{6}2008

Keating, Thomas: Das Gebet der Sammlung: Eine Einführung und Begleitung des kontemplativen Gebetes, Vier Türme Verlag, Münsterschwarzach ^{6}1987

Main, John: Das Herz der Stille. Anleitungen zum Meditieren, Herder Verlag, Freiburg 2000

Merton, Thomas: Im Einklang mit sich und der Welt. Contemplation in a Word of Action, Diogenes Verlag, Zürich ^{2}2009

Rohr, Richard: Wer loslässt, wird gehalten. Das Geschenk des kontemplativen Gebets, Claudius Verlag, München ^{7}2008

Small, Simon: Die Heiligkeit des Augenblicks. Einfache Wege in die Kontemplation, Claudius Verlag, München 2009

Steindl-Rast, David: Die Achtsamkeit des Herzens. Ein Leben in Kontemplation, Wilhelm Goldmann Verlag, München 1998

Wege, die das innere Leben nähren

Böschemeyer, Uwe: Die Sprache der Träume, Ellert & Richter Verlag, Hamburg 2002

Böschemeyer, Uwe: Unsere Tiefe ist hell. Werteimagination – ein Schlüssel zur inneren Welt, Kösel Verlag, München ^{2}2005

Enomiya-Lassalle, Hugo M.: Zen-Meditation für Christen, O. W. Barth Verlag, München 2005

Ferrucci, Piero: Werde, was du bist. Selbstverwirklichung durch Psychosynthese, Rowohlt, Reinbek ^{15}2005

Gendlin, Eugene T.: Focusing. Selbsthilfe bei der Lösung persönlicher Probleme, Rowohlt, Reinbek ^{4}2004

Habito, Ruben: Zen leben – Christ bleiben, O. W. Barth Verlag, München 2006
Herwartz, Christian: Auf nackten Sohlen – Exerzitien auf der Straße, Echter Verlag, Würzburg 2006
Jung, Carl Gustav/von Franz, Marie-Louise/Henderson, Joseph L.: Der Mensch und seine Symbole, Walter Verlag, Düsseldorf 1991
Macy, Joanna/ Brown, Molly Young: Die Reise ins lebendige Leben. Strategien zum Aufbau einer zukunftsfähigen Welt, Junfermann Verlag, Paderborn ²2004
Kast, Verena: Träume. Die geheimnisvolle Sprache des Unbewussten, Patmos, Düsseldorf ⁴2008
Küstenmacher, Marion: Vom Zauber der Blumen und einfachen Dinge, Pattloch Verlag, München 2004
Renn, Klaus: Dein Körper sagt dir, wer du werden kannst. Focusing – Wege der inneren Achtsamkeit, Herder Verlag, Freiburg ⁵2009
Tatzky, Boris/Pinter-Neise, Jutta/Trökes, Anna: Theorie und Praxis des Hatha-Yoga. Ein Leitfaden zur Erfahrung der Energie, Via Nova Verlag, Petersberg ³2007
Taylor, Jeremy: Das innere Universum. Die schöpferische Kraft der Träume, Rowohlt, Reinbek 1991
Vollmar, Klausbernd: Das Handbuch der Traum-Symbole. Die Bildsprache der Träume verstehen und nutzen, Heyne Verlag, München 2007
Weiser-Cornell, Ann: Focusing. Der Stimme des Körpers folgen. Anleitungen und Übungen zur Selbsterfahrungen, Rowohlt, Reinbek ⁶2004

Weitere Autoren, die Suzanne Zuercher erwähnt

Benedikt von Nursia: Die Regel des Heiligen Benedikt, Beuroner Kunstverlag, Beuron 2006
Dürckheim, Karlfried Graf von: Im Silberstrom des Seins. Das Karlfried Graf Dürckheim Lesebuch, Herder Verlag, Freiburg 1996

Keen, Sam: Es lohnt sich nur der Weg nach innen. Über das kreative Potential der Langeweile, Lübbe, Bergisch Gladbach 1996

Keen, Sam: Die Lust an der Liebe: Leidenschaft als Lebensform, Heyne Verlag. München 1995

de Mello, Anthony: Eine Minute Unsinn, Herder Verlag, Freiburg ^{9}1995

de Mello, Anthony: Eine Minute Weisheit, Herder Verlag, Freiburg ^{7}2000

de Mello, Anthony: Warum der Schäfer jedes Wetter liebt. Weisheitsgeschichten, Herder Verlag, Freiburg ^{4}2008

de Mello, Anthony: Warum der Vogel singt. Weisheitsgeschichten, Herder Verlag, Freiburg ^{2}2008

de Mello, Anthony: Wer bringt das Pferd zum Fliegen? Weisheitsgeschichten, Herder Verlag, Freiburg ^{2}2008

Merton, Thomas: Der Berg der sieben Stufen, Patmos Verlag, Düsseldorf 2004

Merton, Thomas: Keiner ist eine Insel – Betrachtungen über die Liebe, Benziger, Düsseldorf 2005

Merton, Thomas: Ein Tor zum Himmel ist überall: Inspirationen, Herder Verlag, Freiburg 2008

Rilke, Rainer Maria: Briefe an einen jungen Dichter, Insel Verlag, Frankfurt ^{48}2007

Steindl-Rast, David: Staunen und Dankbarkeit. Der Weg zum spiritueller Erwachen, Herder Verlag, Freiburg 2002

Steindl-Rast, David: Fülle und Nichts. Von innen her zum Leben erwachen, Herder Verlag, Freiburg ^{3}2008

Steindl-Rast, David: Common Sense. Die Weisheit, die alle verbindet. Sprichwörter der Völker, Claudius Verlag, München 2009